utb 8723

Eine Arbeitsgemeinschaft der Verlage

Böhlau Verlag · Wien · Köln · Weimar
Verlag Barbara Budrich · Opladen · Toronto
facultas · Wien
Wilhelm Fink · Paderborn
A. Francke Verlag · Tübingen
Haupt Verlag · Bern
Verlag Julius Klinkhardt · Bad Heilbrunn
Mohr Siebeck · Tübingen
Ernst Reinhardt Verlag · München · Basel
Ferdinand Schöningh · Paderborn
Eugen Ulmer Verlag · Stuttgart
UVK Verlagsgesellschaft · Konstanz, mit UVK/Lucius · München
Vandenhoeck & Ruprecht · Göttingen · Bristol
Waxmann · Münster · New York

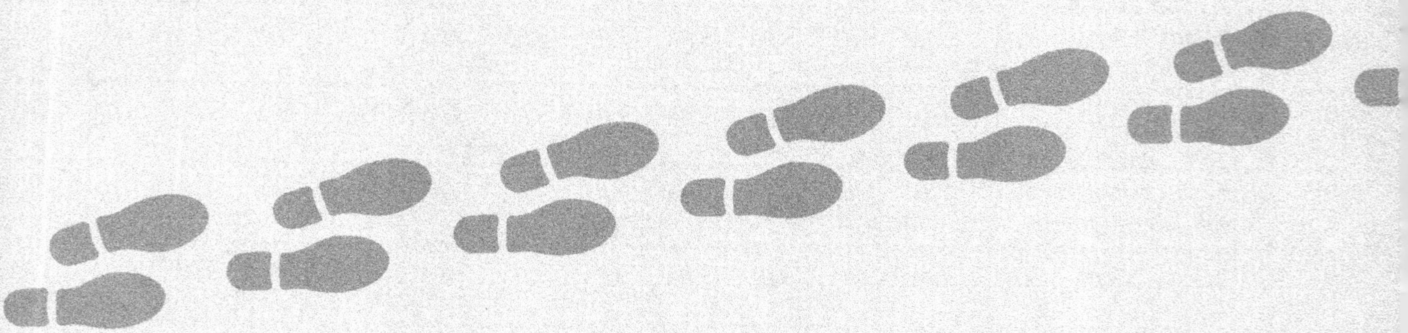

Thieß Petersen

Mikroökonomie
Schritt für Schritt

3., überarbeitete Auflage

UVK Verlagsgesellschaft mbH · Konstanz
mit UVK/Lucius · München

Dr. Thieß Petersen
lehrt an der Europa-Universität Viadrina
Frankfurt (Oder).

Die 1. und 2. Auflage dieses Buches ist bei der utb unter dem Titel
»Fit für die Prüfung: Mikroökonomie - Lernbuch« erschienen.

Online-Angebote oder elektronische Ausgaben sind erhältlich
unter www.utb-shop.de.

Bibliografische Information der Deutschen Bibliothek
Die Deutsche Bibliothek verzeichnet diese Publikation in der Deutschen Nationalbibliografie; detaillierte bibliografische Daten sind im Internet über <http://dnb.ddb.de> abrufbar.

Lektorat: Rainer Berger
Einbandgestaltung: Atelier Reichert, Stuttgart
Einbandmotiv: © branchecarica – fotolia.com
Druck und Bindung: cpi · Clausen & Bosse, Leck

UVK Verlagsgesellschaft mbH
Schützenstr. 24 · 78462 Konstanz
Tel. 07531-9053-0 · Fax 07531-9053-98
www.uvk.de

UTB-Nr. 8723
ISBN 978-3-8252-8723-8

Über das Buch

Die **Volkswirtschaftslehre** beschäftigt sich mit der grundlegenden Frage, wie Gesellschaften damit umgehen, dass die Menschen über unbegrenzte Bedürfnisse verfügen, für deren Befriedigung es jedoch nur eine begrenzte Menge von Gütern gibt. Die Tatsache, dass die Mittel zur Befriedigung menschlicher Bedürfnisse knapp sind, macht es erforderlich, mit der Knappheit so umzugehen, dass das Spannungsverhältnis zwischen unbegrenzten Bedürfnissen und begrenzten Mitteln so weit wie möglich reduziert wird. Die Erreichung dieses Ziels stellt eine Gesellschaft vor weit reichende Fragen: Welche Produkte sollen hergestellt werden? Wer stellt diese Produkte wie her? Und für wen werden die Produkte hergestellt, d. h. wie werden die knappen Güter unter den Mitgliedern der Gesellschaft verteilt? Die Beantwortung dieser Frage kann entweder zentral über Pläne und Zuweisungen erfolgen oder dezentral über Märkte und Preise. Sowohl theoretische Überlegungen als auch praktische Erfahrungen sprechen dafür, dass Märkte und Preise diese Fragen besser beantworten können als zentrale Pläne.

Das vorliegende UTB bietet einen Einblick in die theoretischen Grundlagen der Funktionsweise von Märkten und Preisen. Er wendet sich an Leser, die sich mit den Grundlagen der Markt- und Preistheorie vertraut machen möchten. Ökonomische Vorkenntnisse sind für das Verständnis nicht erforderlich, alle relevanten Begriffe und Zusammenhänge werden sukzessive erklärt. Auch der Anspruch an die mathematischen Vorkenntnisse ist gering, lediglich einige grundlegende Zusammenhänge zum Umgang mit Funktionen und zur Bildung der ersten Ableitung einer Funktion sollten vorhanden sein. Der Text ist bewusst knapp gehalten, um sich auf die wesentlichen ökonomischen Zusammenhänge zu konzentrieren. Auf mathematische Beweise wird vollkommen verzichtet. Die Herleitung formaler Zusammenhänge wird auf das notwendige Minimum beschränkt. Stattdessen werden die Ausführungen mit zahlreichen Grafiken unterstützt. Da es sich in diesem Text um grundlegende ökonomische Zusammenhänge handelt, die in der Zunft der Ökonomen als bekannt anzusehen sind, wird auf die Angabe von Literaturquellen verzichtet.

Ziel dieses einführenden Textes ist es, die Preisbildung auf verschiedenen Märkten zu erklären. Hierzu werden zunächst in einem **ersten Kapitel** einige wenige grundlegende Begriffe und Konzepte erklärt. Anschließend untersucht das **zweite Kapitel** das Konsumverhalten der privaten Haushalte. Dabei geht es primär um die Frage, nach welchen Kriterien ein Konsument seinen optimalen Konsumplan auswählt und wie er auf Preisänderungen reagiert. Hieraus können Schlussfolgerungen für das Nachfrageverhalten gezogen werden, das auf einem Markt von der Gesamtheit aller Konsumenten zu erwarten ist.

Nachdem somit die Nachfrageseite eines Marktes untersucht worden ist, wenden sich die beiden folgenden Kapitel der Angebotsseite zu, also den Unternehmen. Im **dritten Kapitel** geht es um die produktionstechnologischen Zusammenhänge zwischen den Faktoren, die zur Herstellung von Gütern eingesetzt werden, und den damit produzierbaren Gütermengen. Das **vierte Kapitel** ergänzt diese Überlegungen um die Preise, die für die eingesetzten Produktionsfaktoren zu bezahlen sind. Gesucht wird das Produktionsverfahren, das eine bestimmte Menge an Gütern zu den geringstmöglichen Kosten herstellen kann. Auch in diesem Kontext wird untersucht, wie ein Unternehmen auf Preisänderungen reagiert, um dadurch Schlussfolgerungen für das Angebotsverhalten zu ziehen, das auf einem Markt von der Gesamtheit aller Unternehmen zu erwarten ist.

Bevor es zur Analyse der Preisbildung auf verschiedenen Märkten kommt, wird im **fünften Kapitel** ein Maß gesucht, mit dessen Hilfe sich die Vorteile, die eine Gesellschaft aus bestimmten Produktions- und Konsumaktivitäten zieht, berechnen lassen. Hierfür werden die Konzepte der Konsumenten- und der Produzentenrente erläutert. Dabei ist die Konsumentenrente das Maß für die Vorteile, die ein Haushalt daraus zieht, dass er eine bestimmte Menge eines Gutes kauft und konsumiert, während die Produzentenrente die Vorteile misst, die ein Unternehmen daraus zieht, dass es eine bestimmte Menge eines Gutes produziert und anschließend auf dem Markt verkauft. Die Summe aus Konsumenten- und Produzentenrente kann als Maß für die gesellschaftliche Wohlfahrt angesehen werden, mit deren Hilfe die verschiedenen möglichen Marktergebnisse bewertet und miteinander verglichen werden können.

Im **sechsten Kapitel** wird untersucht, welche Konsequenzen sich auf dem Markt aus dem Zusammenspiel von Nachfrage und Angebot ergeben. Konkret geht es dabei um die Frage, wie groß die auf einem Markt gehandelte Gütermenge ist und zu welchem Preis diese Güter ge- und verkauft werden. Ausgangspunkt ist die Preisbildung auf einem Markt mit vollständiger Konkurrenz, der sich vor allem dadurch auszeichnet, dass es eine Vielzahl von Anbietern und Nachfragern gibt. Darüber hinaus werden auch die Marktprozesse untersucht, die sich ergeben, wenn es nur einen Anbieter (Monopol) gibt bzw. nur einen Nachfrager (Monopson) sowie die Marktformen des bilateralen Monopols (ein Anbieter trifft auf einen Nachfrager) und des Oligopols (ein Markt mit wenigen Anbietern).

Das **siebte Kapitel** setzt sich mit verschiedenen Formen des Marktversagens auseinander. Von einem Marktversagen wird immer dann gesprochen, wenn die marktmäßige Koordination zu einem Ergebnis führt, das von dem Marktgleichgewicht auf einem Markt mit vollständiger Konkurrenz abweicht. Zu derartigen Situationen kommt es unter anderem, wenn die privaten Kosten von ökonomischen Entscheidungen nicht mit den gesellschaftlichen Kosten übereinstimmen, oder wenn nicht alle Marktteilnehmer über sämtliche Informationen verfügen, die für das Marktgeschehen relevant sind.

Das **achte Kapitel** behandelt Eingriffe in die freie Preisbildung am Markt. Bei solchen Interventionen ist zwischen marktkonformen und nichtmarktkonformen Eingriffen zu unterscheiden. Ein marktkonformer Eingriff unterstützt oder ermöglicht die Funktionsfähigkeit des Marktes, während ein nichtmarktkonformer Eingriff die Funktionsfähigkeit des Marktes stört. Die in diesem Kapitel untersuchten Markteingriffe sind Steuern, Subventionen sowie Eingriffe in die freie Preisbildung durch Höchst- und Mindestpreise.

Inhaltsübersicht

Inhaltsverzeichnis

Abkürzungs- und Symbolverzeichnis

A	Ausgabenfunktion
$\frac{\partial A}{\partial x}$	Grenzausgaben
B	Budgetgerade
C	Gesamtkosten
C_{fix}	Fixkosten
$\frac{C}{x}$	Durchschnittskosten (auch: DK)
$\frac{\partial C}{\partial x}$	Grenzkosten (auch: GK)
DK	Durchschnittskosten
∂	infinitesimal kleine Änderungen
E	Erlös
$\frac{\partial E}{\partial x}$	Grenzerlös
ε	Elastizität
G	Gewinn
$\frac{\partial G}{\partial x}$	Grenzgewinn
GK	Grenzkosten
GN	Grenznutzen
I	Indifferenzkurve
k	Konsumsumme
K	Produktionsfaktor Kapital
L	Produktionsfaktor Arbeit (L für „labour“)
£	Zeichen für die Lagrange-Funktion
p	Preis eines Gutes

p^H	Höchstpreis
p^M	Mindestpreis
r	Zinssatz als Preis für den Produktionsfaktor Kapital
s	Subvention pro Mengeneinheit
t	Mengensteuer (t für „tax")
U	Nutzen bzw. Nutzenindex (U für „utility")
$\frac{\partial U}{\partial x}$	Grenznutzen eines Gutes (auch: GN)
w	Lohnsatz als Preis für den Produktionsfaktor Arbeit (w für „wage")
x	Menge eines Gutes
x^A	angebotene Gütermenge
x^N	nachgefragte Gütermenge
$\frac{\partial x}{\partial K}$	Grenzproduktivität des Faktors Kapital
$\frac{\partial x}{\partial L}$	Grenzproduktivität des Faktors Arbeit
y	verfügbares Einkommen
Δ	absolute Veränderung

Schritt 1:

Wichtige Grundlagen

Lernhinweise

Was erwartet mich in diesem Kapitel?

Zu Beginn erläutern wir dir einige wenige grundlegende inhaltliche und methodische Begriffe, die du kennen musst, und skizzieren Konzepte der Markt- und Preistheorie.

Welche Schlagwörter lerne ich kennen?

■ Haushalte ■ Unternehmen ■ Güter ■ Konsum- und Produktionsentscheidung ■ Sachgut ■ Dienstleistungen ■ Produktionsgut ■ Investitionsgut ■ Konsumgut ■ homogenes und heterogenes Gut ■ Präferenzen ■ Knappheit ■ Tauschwirtschaft ■ Preis ■ relatives Preis ■ Opportunitätskosten ■ Markt ■ homo oeconomicus ■ ökonomisches Prinzip

Wofür benötige ich dieses Wissen?

In den folgenden Kapiteln begegnen dir die hier vorgestellten Begriffe immer wieder. Zum ökonomischen Argumentieren in der Prüfung musst du sie richtig verwenden können.

Zu Beginn sollen einige wenige grundlegende inhaltliche und methodische Begriffe und Konzepte der Markt- und Preistheorie skizziert werden. Alle spezielleren Begriffe werden in den dafür relevanten Schritten erläutert.

Inhaltliche Grundlagen

Die beiden zentralen Akteure der Markt- und Preistheorie sind die privaten Haushalte und die Unternehmen. Private Haushalte – im Folgenden verkürzt **Haushalte** – sind private Konsumeinheiten. Sie bieten ihre Produktionsfaktoren – vor allem Arbeit, aber auch Sachkapital und Boden – an und erzielen dafür Faktoreinkommen (Lohn, Zinsen, Dividenden etc.), das gegebenenfalls noch durch staatliche Transferleistungen ergänzt wird. Nach Abzug von direkten Steuern und Sozialabgaben verbleibt einem Haushalt das verfügbare Einkommen, das er für den Kauf von Konsumgütern verwenden kann. Die primäre Entscheidung eines Haushalts besteht also darin, das für den Kauf von Gütern vorgesehene Geld so zu verwenden, dass der daraus resultierende Nutzen maximiert wird.

Unternehmen sind hingegen Produktionseinheiten, die ihren Gewinn maximieren wollen. Sie fragen die Produktionsfaktoren der Haushalte nach und stellen mit ihnen **Güter** her, die sie anschließend zum Verkauf anbieten. Die primäre Entscheidung eines Unternehmens besteht also darin, die Produktionsentscheidung zu treffen, die den Gewinn maximiert. Neben der Wahl der gewinnmaximierenden Produktionstechnologie betrifft dies auch die Wahl der produzierten und anschließend auf dem Markt angebotenen Gütermenge.

Zentrales Objekt der **Konsum-** und der **Produktionsentscheidungen** sind somit Güter.

Ein Gut ist ein Mittel zur Bedürfnisbefriedigung.

Güter sind daher in der Lage, einen Nutzen zu stiften. Dabei kann es sich um

- **Sachgüter** (materielle oder tangible Güter) oder um
- **Dienstleistungen** (immaterielle oder intangible Güter)

handeln. Wird das Gut direkt zur Bedürfnisbefriedigung verwendet, indem es verbraucht wird, ist es ein Konsumgut. Wird das Gut hingegen nur indirekt zur Bedürfnisbefriedigung verwendet, indem es im Produktionsprozess zur Herstellung von Konsumgütern eingesetzt wird, die anschließend verbraucht werden, ist es ein **Produktions- oder Investitionsgut**. In der Haushaltstheorie, in der es primär um die Konsumentscheidungen von Haushalten geht, wird unter dem Begriff Gut daher ein **Konsumgut** verstanden. Dabei wird unterstellt, dass jedes Gut beliebig teilbar ist.

Bei den Gütern kann es sich um homogene oder heterogene Güter handeln. Ein **homogenes Gut** liegt vor, wenn die Konsumenten alle Mengeneinheiten dieses Gutes als vollkommen gleich ansehen. Verschiedene Einheiten des Gutes sind aus Sicht der Konsumenten vollkommen austauschbar, sodass eine vollkommene Ersetzbarkeit – in der Sprache der Ökonomen Substituierbarkeit – der Gütereinheiten vorliegt. Die Konsumenten sind zwischen verschiedenen Einheiten des Gutes vollkommen indifferent, d. h. es gibt keine Präferenzen der Konsumenten für bestimmte Einheiten des Gutes.

Ein **heterogenes Gut** liegt hingegen vor, wenn die Konsumenten alle Mengeneinheiten dieses Gutes nicht als vollkommen gleich ansehen. Hierfür kann es unterschiedliche Gründe geben. Konsumenten können erstens sachliche **Präferenzen** haben. Dies bedeutet, dass die Konsumenten bei Gütern, die sich der Sache nach gleichen (z. B. Zigaretten), Unterschiede zwischen einzelnen Gütereinheiten sehen, die beispielsweise durch die Werbung oder die Aufmachung hervorgerufen werden. Konsumenten können zweitens räumliche Präferenzen haben. Dies bedeutet, dass die Konsumenten ein Produkt lieber in der Nachbarschaft kaufen – und zwar nicht wegen der Transportkosten, sondern wegen anderer Bequemlichkeiten bzw. Vorteile. Schließlich können Konsumenten noch persönliche Präferenzen haben. Dies bedeutet, dass es persönliche Bindungen zwischen dem Konsumenten und einem bestimmten Anbieter gibt, beispielsweise durch gute Erfahrungen in der Vergangenheit, durch das hohe Ansehen, das der Anbieter besitzt, oder wegen der Freundlichkeit des Anbieters (bzw. wegen der Unfreundlichkeit eines anderen Anbieters, der deshalb gemieden wird).

Basis für die Notwendigkeit zum Produzieren von Gütern ist das Phänomen der **Knappheit** von Gütern.

> Ein knappes Gut liegt vor, wenn das Gut nicht in so großer Menge vorhanden ist, dass jeder Haushalt seine Bedürfnisse nach diesem Gut in beliebigem Umfang befriedigen kann. Der Preis eines knappen Gutes ist größer als Null.

In der Realität sind nahezu alle Güter knappe Güter. Das Gegenteil eines knappen Gutes ist ein freies Gut. Knappheit bedeutet, dass nicht genügend Mittel zur Verfügung stehen, um alle Bedürfnisse aller Haushalte in beliebigem Umfang befriedigen zu können. Knappheit resultiert daraus, dass die meisten Güter keine freien, sondern knappe Güter sind. Knappheit stellt somit ein Spannungsverhältnis zwischen unbegrenzten Bedürfnissen und begrenzten Mitteln zur Befriedigung dieser Bedürfnisse dar. Ziel des wirtschaftlichen Handelns ist es, dieses Spannungsverhältnis zu verringern.

Die Verringerung dieses Spannungsverhältnisses verlangt die Produktion von Gütern. In entwickelten Gesellschaften erfolgt die Produktion nur in Ausnahmefällen für den Eigenbedarf. Im Regelfall werden Güter nicht für den eigenen Konsum produziert, sondern um auf dem Markt verkauft zu werden. Entwickelte Gesellschaften sind daher **Tauschwirtschaften**. Der Austausch von Gütern erfolgt dabei über Preise. Preise sind in der Regel als Geldpreise ausgedrückt, d. h. der **Preis** eines Gutes wird in Geldeinheiten – z. B. Euro (€) – angegeben. Der Preis eines Gutes (p) sagt also aus, wie viele Geldeinheiten für eine Mengeneinheit (ME) des Gutes bezahlt werden müssen (p = €/ME). Wird nichts anderes angegeben, so sind die Preise im Folgenden stets Geldpreise. Der Preis eines Gutes lässt sich auch in Mengeneinheiten eines anderen Gutes ausdrücken.

Kostet beispielsweise ein Tisch 100 Euro und ein Stuhl 25 Euro, dann kostet ein Tisch vier Stühle. Dieses reale Austauschverhältnis zweier Güter lässt sich wie folgt aus den Geldpreisen

$$p_1 = \frac{€}{ME_1}, p_2 = \frac{€}{ME_2}$$

ableiten:

$$\frac{p_1}{p_2} = \frac{\frac{€}{ME_1}}{\frac{€}{ME_2}} = \frac{€}{ME_1}\frac{ME_2}{€} = \frac{ME_2}{ME_1}$$

Das reale Austauschverhältnis zweier Güter wird auch als **relativer Preis** bezeichnet. Der relative Preis gibt außerdem die Alternativkosten eines Gutes an. Beim Prinzip der Alternativkosten werden die Kosten einer Entscheidung durch den Verzicht auf die Vorteile einer anderen, nicht gewählten Handlungsalternative ausgedrückt. Wenn ein Entscheider vor zwei Handlungsalternativen steht, bestimmt der Nutzenentgang der nicht gewählten Alternative den Wert der gewählten Alternative. Wenn also beispielsweise ein Haushalt vor der Entscheidung steht, eine weitere Stunde gegen Zahlung eines Lohns zu arbeiten oder diese Stunde als freie Zeit zu genießen, und sich für die Freizeit entscheidet, verzichtet er auf den Nettolohn, den er im Fall der Arbeit erhalten hätte. Die Alternativkosten einer Stunde Freizeit entsprechen daher dem Nettolohn. Hat der Entscheider mehr als zwei Alternativen, bestimmt der Nutzenentgang der zweitbesten, aber nicht gewählten Alternative den Wert der gewählten Alternative.

Alternativkosten werden auch **Opportunitätskosten** genannt.

In dem oben genannten Tisch-Stuhl-Beispiel betragen die Alternativkosten eines Tisches vier Stühle, denn der Kauf eines Tisches bedeutet den Verzicht auf vier Stühle.

Der Austausch von Gütern erfolgt in einer Tauschwirtschaft auf dem **Markt**.

Der Markt ist der Ort, an dem sich Angebot und Nachfrage eines Gutes treffen.

Dabei bezeichnet das Angebot die Bereitschaft eines wirtschaftlichen Akteurs, eine bestimmte Menge eines Gutes zu einem bestimmten Preis zu verkaufen. Im Normalfall nimmt die Bereitschaft, Mengeneinheiten des Gutes zu verkaufen, mit steigendem Preis zu. Die Nachfrage bezeichnet hingegen die Bereitschaft eines wirtschaftlichen Akteurs, eine bestimmte Menge eines Gutes zu einem bestimmten Preis zu kaufen. Im Normalfall nimmt die Bereitschaft, Mengeneinheiten eines Gutes zu kaufen, mit steigendem Preis ab.

Bezüglich des Verhaltens der Marktteilnehmer wird angenommen, dass sich alle Marktakteure als **homo oeconomicus** verhalten. Die Annahme des homo oeconomicus besagt, dass Menschen unter Berücksichtigung aller Vor- und Nachteile unter verschiedenen Handlungsalternativen jeweils die Alternative auswählen, die den größten Nettonutzen erbringt.

Vereinfachend kann der homo oeconomicus als ein rationaler Maximierer seines eigenen Nutzens skizziert werden. Das Verhalten eines Haushalts wird als rational angesehen, wenn der Haushalt seinen Nutzen unter gegebenen Restriktionen maximiert bzw. ein Unternehmen seinen Gewinn maximiert. Die Rationalität bezieht sich beispielsweise auf die nutzenmaximierende Verwendung einer gegebenen Konsumsumme zum Kauf verschiedener Konsumgüter oder auf die nutzenmaximierende Aufteilung der zur Verfügung stehenden Zeit in Freizeit und Arbeitszeit. Kurz gefasst, bedeutet Rationalität die Maximierung einer Zielfunktion – also einer Nutzenfunktion oder einer Gewinnfunktion – unter Einhaltung gegebener Restriktionen. Weitere Annahmen bezüglich des homo oeconomicus sind unter anderem eine vollkommene Information über die Preise und Qualität aller Güter, eine unendlich schnelle Verarbeitungszeit aller Informationen und eine unveränderliche Bedürfnisstruktur.

Ein weiterer Begriff, der mit der Rationalität verbunden wird, ist das **ökonomische Prinzip**. Dieses Prinzip lässt sich in Bezug auf die Konsumenten durch zwei alternative Prinzipien beschreiben: Ein Haushalt versucht entweder mit einer gegebenen Menge an Mitteln einen möglichst hohen Grad der Bedürfnisbefriedigung zu erreichen (Maximalprinzip), oder der Haushalt versucht, einen gegebenen Grad der Bedürfnisbefriedigung mit einer möglichst geringen Menge an Mitteln zu erreichen (Minimalprinzip).

Für ein Unternehmen bedeutet das ökonomische Prinzip, dass mit einer gegebenen Menge an Produktionsfaktoren ein möglichst großes Gütervolumen produziert wird oder aber ein gegebenes Gütervolumen mit dem geringst möglichen Input bzw. den geringst möglichen Kosten hergestellt wird. Allgemein formuliert, besagt das ökonomische Prinzip, dass das Verhältnis von Bedürfnisbefriedigung zu Mitteleinsatz maximiert werden soll.

Methodische Grundlagen

Für die Analyse des ökonomischen Verhaltens von Konsumenten und Produzenten gibt es verschiedene Methoden und Instrumente. Das **Preis-Mengen-Diagramm** ist dabei eines der wichtigsten Analyseinstrumente der Wirtschaftswissenschaften. Das Preis-Mengen-Diagramm besteht aus einer Preisachse und einer Mengenachse. Dabei wird die Preisachse durch die Ordinate dieses Diagramms darstellt, während die Abszisse die Mengenachse abbildet. Das Preis-Mengen-Diagramm wird unter anderem verwendet, um den Zusammenhang zwischen der nachgefragten Menge eines Gutes und dem Preis (also die Nachfragekurve) und den Zusammenhang zwischen der angebotenen Menge eines Gutes und dem Preis (also die Angebotskurve) abzubilden. Preis-Mengen-Diagramme können sowohl für einzelne Anbieter oder einzelne Nachfrager verwendet werden als auch zur Beschreibung des gesamten Marktes. Die normalen Verläufe einer Angebots- und einer Nachfragekurve in einem Preis-Mengen-Diagramm sind in Abbildung 1.1 dargestellt.

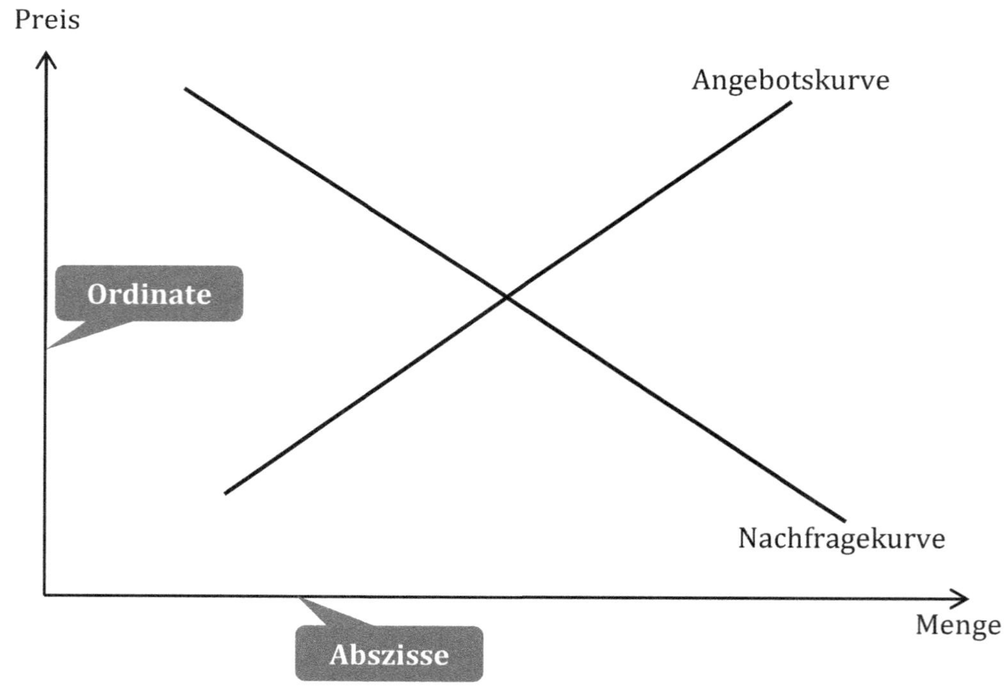

Abb. 1.1: Nachfrage- und Angebotskurve für ein Gut im Preis-Mengen-Diagramm

Ein weiteres wichtiges Analyseinstrument sind Funktionen. Eine **Funktion** stellt einen eindeutigen Zusammenhang zwischen einer unabhängigen Variablen und einer abhängigen Variablen dar. Wird beispielsweise davon ausgegangen, dass die Höhe der Produktionskosten (C) von der Menge der hergestellten Güter (x) abhängt, so lautet die Kostenfunktion C = f (x). Das f steht dabei für die Zuordnungsvorschrift, die jeder Gütermenge x einen bestimmten Wert der Produktionskosten zuordnet. Wenn also beispielsweise die Produktion einer beliebigen Mengeneinheit eines Gutes 10 Euro beträgt und dies für jede Mengeneinheit des Gutes zutrifft, so lautet die entsprechende Kostenfunktion wie folgt: $C = 10 \cdot x$. Häufig hängt der Wert einer Funktion nicht nur von einer, sondern von mehreren Variablen ab. Wenn beispielsweise die Menge eines produzierten Gutes (x) von den Einsatzmengen an Arbeit (L) und Kapital (K) abhängt, so lautet die dazu gehörende Produktionsfunktion wie folgt: x = f (L; K).

In der wirtschaftswissenschaftlichen Analyse geht es nicht nur um die Zusammenhänge zwischen unabhängigen Größen und den davon abhängenden Funktionswerten, sondern auch um die Frage, wie sich der Funktionswert verändert, wenn sich der Wert der unabhängigen Größe ändert. So kann z. B. gefragt werden, wie die Höhe der Produktionskosten auf eine Variation der Produktionsmenge reagiert. In diesem Fall wird die Höhe der Grenzkosten gesucht. Die **Grenzkosten** geben an, wie sich die Gesamtkosten verändern, wenn die produzierte Menge von Gütern um eine infinitesimal kleine Menge erhöht wird. Die Grenzkosten geben daher an, welche Kosten die Produktion einer zusätzlichen infinitesimal kleinen Mengeneinheit verursacht. Bei der oben genannten Kostenfunktion ($C = 10 \cdot x$) betragen die Grenzkosten 10 Euro. Denkbar sind allerdings auch andere Gesamtkostenverläufe. Wenn ausgehend von der Produktionsmenge x_0 die Produktionsmenge auf x_1 erhöht wird, so führt dies auch zu einem Anstieg der Gesamtkosten. Die zusätzlichen Kosten betragen $C_1 - C_0 = \Delta C$. Werden die zusätzlichen Kosten durch die zusätzlich produzierte Gütermenge ($x_1 - x_0 = \Delta x$) dividiert, so ergibt sich daraus der Differenzenquotient

$$\frac{\Delta C}{\Delta x}.$$

Dieser Quotient gibt die durchschnittliche Steigung der Kostenfunktion im Bereich zwischen x_0 und x_1 an, also die durchschnittlichen Zusatzkosten, die mit der Erhöhung der Produktion um eine Einheit des Gutes verbunden sind. Die Grenzkosten sind definiert als

$$\frac{\Delta C}{\Delta x},$$

bzw. genauer für infinitesimal kleine Änderungen von x (Δx gegen 0) als

$$\frac{\partial C}{\partial x}.$$

Die Grenzkosten sind folglich die Steigung der Gesamtkostenkurve im Punkt Q_0 und geben an, wie sich die Gesamtkosten erhöhen, wenn ausgehend von x_0 die Produktion um eine infinitesimal kleine Änderungen von x erhöht wird. Der Ausdruck

$$\frac{\partial C}{\partial x}$$

ist der Differentialquotient der Funktion C = f (x). Dieser Quotient ist zugleich die **erste Ableitung** der Kostenfunktion nach x. Die erste Ableitung von Funktionen spielt eine besondere Rolle bei der Lösung von Maximierungsaufgaben. Die dabei behandelten Zielfunktionen hängen häufig von zwei Variablen ab, sodass mit partiellen Ableitungen gearbeitet wird. Die notwendige Bedingung für einen Extremwert einer allgemeinen Funktion mit zwei Variablen [F = f (x; y)] verlangt dabei, dass die Funktion partiell nach x und nach y abgeleitet wird und diese Ableitungen dann jeweils gleich Null sind. Auf die hinreichenden Bedingungen für Extremwerte, bzw. genauer für Maximal- und Minimalwerte, wird in allen weiteren Ausführungen verzichtet.

Eine letzte methodische Bemerkung betrifft die Ceteris-paribus-Klausel. Der Begriff **ceteris paribus** bedeutet kurz gefasst „unter sonst gleichen Bedingungen". Diese Klausel besagt, dass bei der Analyse des wirtschaftlichen Verhaltens alle Einflussgrößen außer einer einzigen als konstant angenommen werden. Dieses Prinzip lässt sich am besten mit Hilfe eines kurzen Beispiels erläutern. Bezüglich der Nachfrage nach Benzin kann davon ausgegangen werden, dass die nachgefragte Benzinmenge eines einzelnen Konsumenten von zahlreichen Faktoren abhängt. Zu denken ist dabei vor allem an den Benzinpreis, den Preis für Bahnfahrten, den Preis für Fahrten mit dem öffentlichen Personennahverkehr, den Preis für Autos, die Höhe der KfZ-Steuer, die Höhe des verfügbaren Einkommens des Konsumenten, die Preise für Lebensmittel, das ökologische Bewusstsein des Konsumenten und viele andere Determinanten. Eine Analyse des Nachfrageverhaltens dieses Konsumenten, die die ceteris-paribus-Klausel befolgt, variiert nur eine einzige Einflussgröße der Benzinnachfrage. Damit kann dann z. B. untersucht werden, wie der Konsument auf eine Änderung des Benzinpreises reagiert, wenn alle anderen Bestimmungsgrößen der Nachfrage nach Benzin konstant gehalten werden. Stellt sich dabei heraus, dass der Konsument im Fall eines steigenden Benzinpreises seine Nachfrage nach Benzin reduziert, so lautet das korrekte Ergebnis dieser Feststellung: Ceteris paribus verringert ein Konsument die nachgefragte Benzinmenge, wenn der Preis für Benzin steigt. In den nachfolgenden Ausführungen werden jeweils nur einzelne Einflussgrößen des wirtschaftlichen Verhaltens von Haushalten und Unternehmen variiert, sodass alle Aussagen einen ceteris-paribus-Charakter besitzen.

Lernfragen

Welchen Akteur der Markt- und Preistheorie gibt es?

☐ Staat

☐ Banken

☐ Lobbyisten

☐ Unternehmen

Was konsumieren Haushalte?

☐ Investitionsgüter
☐ Produktionsfaktoren
☐ Güter

Was unterscheidet heterogene Güter von homogenen?

☐ die Ähnlichkeit
☐ die Gleichheit
☐ die Unterschiedlichkeit

Was ergibt sich bei unbegrenzten Bedürfnissen und einem begrenzten Budget?

☐ Knappheit
☐ Präferenzen

Was ist ein relativer Preis?

☐ Das reale Austauschverhältnis zweier Güter.
☐ Das absolute Austauschverhältnis zweier Güter.
☐ Das begrenzte Austauschverhältnis zweier Güter.

Was möchte ein homo oeconomicus maximieren?

☐ Handlungsalternativen
☐ Budget
☐ Nettonutzen

Einen bestimmten Grad der Bedürfnisbefriedigung mit einer möglichst geringen Menge an Mitteln zu erreichen, nennt man:

☐ Maximalprinzip
☐ Minimalprinzip

Die Lösungen findest du am Ende des Buches.

Prüfungstipps

Mit dem Prinzip der Opportunitätskosten kannst du oft sinnvoll ökonomisch argumentieren, zum Beispiel weshalb ein Haushalt oder ein Unternehmer sich für oder gegen eine Handlung entscheidet. Betrachte zudem den homo oeconomicus durchaus kritisch. Verweise in diesem Kontext gegebenenfalls auf die Behavioral Economics (Verhaltensökonomik). Sie beschäftigt sich mit dem menschlichen Verhalten in ökonomischen Situationen und widerspricht durchaus den Annahmen des homo oeconomicus.

Schritt 2:
Haushaltstheorie

Lernhinweise

Was erwartet mich in diesem Kapitel?

In diesem Kapitel erläutern wir das Konsumverhalten der Mitglieder von privaten Haushalten. Wir zeigen auf, nach welchen Kriterien Konsumenten ihr Geld für den Kauf verschiedener Güter aufteilen, und wie sie auf Preisänderungen reagieren..

Welche Schlagwörter lerne ich kennen?

■ Güterbündel ■ Präferenzordnung ■ Nutzen ■ Grenznutzen ■ Cobb-Douglas-Nutzenfunktion ■ Indifferenzkurve ■ substitutive Güter ■ komplementäre Güter ■ Grenzrate der Substitution ■ Budgetgerade ■ optimaler Konsumplan ■ Substitutionseffekt ■ Einkommenseffekt ■ normales Nachfrageverhalten ■ anomales Nachfrageverhalten ■ direkte Preiselastizität der Nachfrage ■ Kreuzpreiselastizität der Nachfrage ■ Einkommenselastizität der Nachfrage ■ inferiores Gut ■ superiores Gut ■ Nachfragegesetz ■ Marktnachfrage

Wofür benötige ich dieses Wissen?

Das Nachfrageverhalten der Konsumenten ist ein zentraler Einflussfaktor für die Preisbildung auf Märkten. Um die Funktionsweise von Märkten zu verstehen ist es daher unumgänglich, das Verhalten der Konsumenten und deren Reaktionen auf Preisänderungen zu kennen.

> Die Haushaltstheorie beschäftigt sich mit dem Verhalten der Mitglieder von privaten Haushalten. Dabei geht es primär um das Konsumverhalten. Es wird untersucht, nach welchen Kriterien Konsumenten ihr Geld für den Kauf verschiedener Güter aufteilen, und wie sie auf Preisänderungen reagieren.

Nutzen und Präferenzen

Ausgangspunkt der Analyse des Konsumverhaltens ist die Annahme, dass Menschen bestimmte Bedürfnisse haben, für deren Befriedigung sie Güter benötigen. Der Begriff **Bedürfnis** ist dabei ein Synonym für den Begriff Motiv. Bedürfnisse beziehen sich grundsätzlich auf sehr viele Aspekte des menschlichen Lebens (Konsum, Geltung, Ansehen, Macht, Kontakt, Sicherheit, Selbstverwirklichung etc.). In der Haushaltstheorie beziehen sich Bedürfnisse auf den Wunsch nach Konsumgütern. Dabei werden die Bedürfnisse als gegeben angenommen, d. h. es wird nicht weiter hinterfragt, warum ein Haushalt bestimmte Bedürfnisse hat und wie sich diese entwickelt haben. Haushalte bzw. Konsumenten benötigen eine Vielzahl von Gütern. Ein **Güterbündel** besteht aus den Gütermengen verschiedener Güter. Im Fall von n Gütern (i = 1, 2, 3, ..., n) lässt sich ein Güterbündel durch einen Vektor (X) darstellen, der von jedem der n Güter eine bestimmte nicht negative Menge enthält. Es gilt daher $X = (x_1, x_2, x_3, \ldots, x_n)$. Ziel eines Haushalts ist es, eine gegebene Geldsumme so für den Kauf verschiedener Güter aufzuteilen, dass das daraus resultierende Güterbündel den maximal erreichbaren Grad der Bedürfnisbefriedigung stiftet. Dieses Güterbündel stellt dann den optimalen Konsumplan des Haushalts dar.

Zur Bewertung der Wünschbarkeit von einzelnen Güterbündeln werden Präferenzordnungen herangezogen. Die Präferenzordnung eines Haushalts sagt etwas aus über die Wünschbarkeitsvergleiche verschiedener Güterbündel. Werden zwei Güterbündel (X_A und X_B) miteinander verglichen, so besagt die Präferenzordnung

$$X_A \geq X_B,$$

dass der Haushalt das Güterbündel X_A für mindestens genauso wünschenswert bzw. gut hält wie das Güterbündel X_B. Wenn eine starke Präferenzordnung gilt ($X_A \succ X_B$), bedeutet dies, dass der Haushalt das Güterbündel X_A für besser hält als das Güterbündel X_B. Schließlich gibt es noch die Indifferenzordnung. Im Fall von $X_A \sim X_B$ besagt dies, dass der Haushalt beide Güterbündel für gleich gut hält. Sämtliche dieser Urteile beziehen sich ausschließlich auf die Gütermengen und Gütereigenschaften, d. h. die Güterpreise spielen bei dieser Beurteilung keine

Rolle. Jeder Haushalt besitzt annahmegemäß eine Präferenzordnung über alle denkbaren Güterbündel.

Eine andere Möglichkeit zur Bewertung der Wünschbarkeit von Güterbündeln sind der Nutzen und die Nutzenfunktionen. Der **Nutzen** bzw. Nutzenindex (U) ist eine Zahl, die das Nutzenniveau widerspiegelt, das ein Haushalt dadurch erreicht, indem ein bestimmtes Güterbündel konsumiert wird. Dabei wird zwischen dem kardinalen und dem ordinalen Nutzen unterschieden: Zwei unterschiedlichen Güterbündeln (X_A und X_B) werden in der Regel unterschiedliche Nutzenzahlen U (z. B. $U(X_A) > U(X_B)$) zugeordnet. Nach der kardinalen Nutzentheorie lässt sich der Nutzenunterschied zwischen den beiden Güterbündeln berechnen ($U(X_A)$ minus $U(X_B)$). Damit lässt sich auch angeben, um wie viel der Nutzen von Güterbündel X_A größer ist als der Nutzen von Güterbündel X_B. Nach der ordinalen Nutzentheorie lässt sich der Nutzenunterschied zwischen den beiden Güterbündeln allerdings nicht berechnen. Es kann lediglich festgestellt werden, dass der Nutzen von Güterbündel X_A größer ist als der Nutzen von Güterbündel X_B, aber nicht, um wie viel der Nutzen von Güterbündel X_A größer ist als der Nutzen von Güterbündel X_B.

Die Zuweisung einer Nutzenzahl zu einem Güterbündel erfolgt mit Hilfe der Nutzenfunktion. Eine **Nutzenfunktion** ordnet jedem Güterbündel eine reelle Zahl, den Nutzen bzw. Nutzenindex (U), zu. Die Nutzenfunktion beschreibt dabei die Präferenzordnung eines Haushalts. Dabei gelten folgende Zusammenhänge: Wenn der Haushalt ein Güterbündel X_A höher schätzt als ein Güterbündel X_B, dann ist der Nutzenindex des Güterbündels X_A auch größer als der Nutzenindex des Güterbündels X_B.

Es gilt daher $U(X_A) > U(X_B)$. Wenn der Haushalt zwei Güterbündel X_A und X_B hingegen gleich einschätzt, also zwischen ihnen indifferent ist, dann erhalten beide Güterbündel den gleichen Nutzenindex, sodass $U(X_A) = U(X_B)$ gilt. Die Nutzenfunktion beschreibt somit den Zusammenhang zwischen den Gütermengen verschiedener Güter ($x_1, x_2, x_3, \ldots$) und dem Nutzen (U), der aus diesem Güterbündel resultiert. Wird beispielsweise von nur zwei Gütern (1 und 2) ausgegangen, wobei der Nutzen das Produkt der beiden konsumierten Gütermengen ($U(x_1, x_2) = x_1 \cdot x_2$) ist, so stiften 2 Mengeneinheiten von Gut 1 und 4 Mengeneinheiten von Gut 2 einen Nutzen von 8. Nutzenfunktionen sind einwertig, d. h. jedem Güterbündel wird genau ein Wert U zugeordnet, und sie haben eine stetige erste und zweite Ableitung. Bezüglich der Nutzenfunktionen wird in der Regel davon ausgegangen, dass die so genannte **Nichtsättigungsannahme** gilt. Diese Annahme besagt, dass aus jeder zusätzlich konsumierten Mengeneinheit eines Gutes ein Nutzenzuwachs für einen Haushalt resultiert. Es gibt daher keine Sättigungsgrenzen.

Die erste Ableitung einer Nutzenfunktion stellt den Grenznutzen dar.

> Der Grenznutzen eines Gutes i gibt den zusätzlichen Nutzen an, den ein Haushalt daraus zieht, dass er eine zusätzliche Einheit dieses Gutes konsumiert. Der Grenznutzen eines Gutes ist also der Nutzen, den die letzte zusätzlich konsumierte Einheit dieses Gutes stiftet.

Formal lässt sich der Grenznutzen als erste partielle Ableitung der Nutzenfunktion (U) nach der Gütermenge des betreffenden Gutes (x_i) darstellen:

$$\frac{\partial U}{\partial x_i}.$$

Gilt die Nichtsättigungsannahme, so ist der Grenznutzen eines Gutes stets positiv.

Eine andere zur Nutzentheorie gehörende Eigenschaft ist das **Gesetz vom abnehmenden Grenznutzen**. Dieses Gesetz besagt, dass der Grenznutzen eines Gutes mit zunehmendem Konsum dieses Gutes immer geringer wird. Der zusätzliche Konsum eines Gutes bewirkt zwar eine Zunahme des Gesamtnutzens, diese Zuwächse werden aber bei steigendem Konsum des betreffenden Gutes immer kleiner. Formal bedeutet dies, dass die erste partielle Ableitung der Nutzenfunktion (U) nach der Gütermenge (x_i) positiv ist

$$\frac{\partial U}{\partial x_i} > 0,$$

während die zweite partielle Ableitung negativ ist

$$\frac{\partial^2 U}{\partial x_i^2} < 0.$$

Eine in der Haushaltstheorie häufig verwendete Nutzenfunktion, die diese Anforderungen erfüllt, ist eine **Cobb-Douglas-Nutzenfunktion**. Eine einfache Form dieser Nutzenfunktion ist eine Funktion mit lediglich zwei Gütern. Der Nutzen (U) ist dabei eine Funktion der konsumierten Mengen der beiden Güter 1 und 2 (x_1, x_2). Dabei gelten folgende funktionale Zusammenhänge:

$$(2.1)\ U = U(x_1, x_2) = x_1^{\alpha} \cdot x_2^{1-\alpha}$$

mit

$$0 < \alpha < 1 \text{ sowie mit } x_1, x_2 > 0$$

Der Grenznutzen ist die erste partielle Ableitung der Nutzenfunktion nach der Menge eines der Güter, z. B. nach dem Gut 1. Die erste partielle Ableitung der Cobb-Douglas-Nutzenfunktion lautet:

$$(2.2)\ \frac{\partial U}{\partial x_1} = \alpha \cdot x_1^{\alpha-1} \cdot x_2^{1-\alpha} = \alpha \cdot \left(\frac{x_2}{x_1}\right)^{1-\alpha}$$

Dieser Ausdruck ist wegen $0 < \alpha < 1$ positiv, d. h. es liegt ein positiver Grenznutzen von Gut 1 vor. Die zweite partielle Ableitung der Nutzenfunktion lautet:

$$(2.3)\ \frac{\partial^2 U}{\partial {x_1}^2} = \cdot\ \alpha \cdot (\alpha - 1) \cdot {x_1}^{\alpha-2} \cdot {x_2}^{1-\alpha}$$

Dieser Ausdruck ist wegen $0 < \alpha < 1$ negativ, weil der Ausdruck $(\alpha\text{-}1)$ negativ ist, d. h. es liegt ein abnehmender Grenznutzen von Gut 1 vor. Bei einer Cobb-Douglas-Nutzenfunktion gilt daher das Gesetz vom abnehmenden Grenznutzen.

Grafisch lässt sich die Bewertung von Güterbündeln mit Hilfe von Indifferenzkurven durchführen. Die **Indifferenzkurve** ist die Kurve, auf der alle Güterbündel liegen, die für einen Haushalt den gleichen Nutzen stiften. Weil alle Güterbündel einer Indifferenzkurve definitionsgemäß den gleichen Nutzen stiften, zieht der Haushalt keines der Bündel einem anderen Güterbündel vor. Der Haushalt ist daher zwischen allen Güterbündeln dieser Kurve indifferent. Bei einer Cobb-Douglas-Nutzenfunktion verläuft die Indifferenzkurve konvex zum Ursprung eines entsprechenden Gütermengen-Diagramms (siehe Abbildung 2.1).

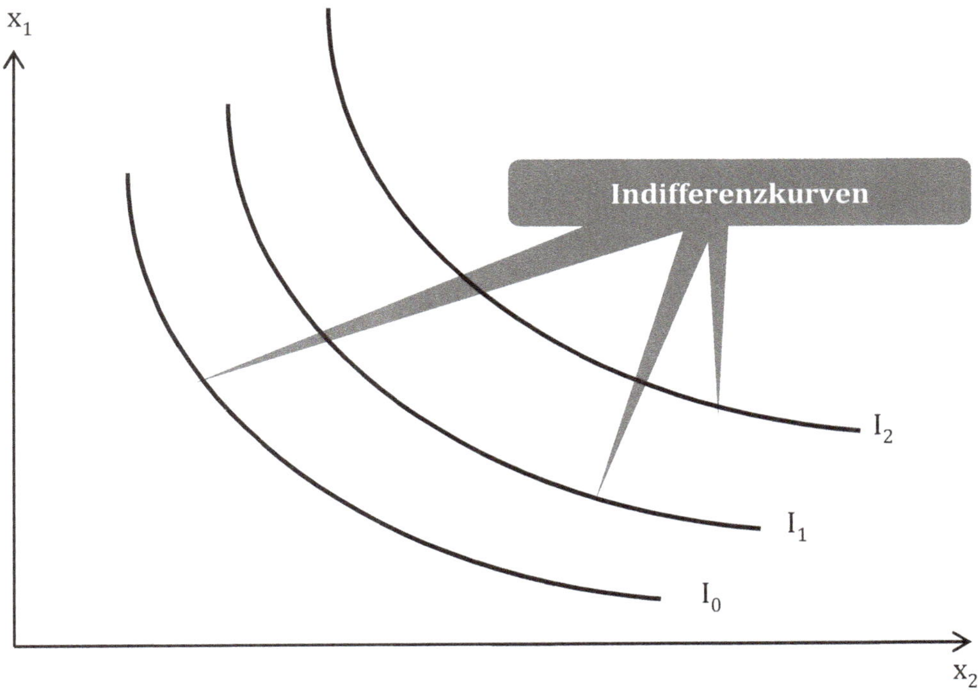

Abb. 2.1: Verlauf von Indifferenzkurven bei einer Cobb-Douglas-Nutzenfunktion

Der Verlauf der Indifferenzkurven hängt von den Substitutionsmöglichkeiten ab, also davon, ob die Güter substitutive oder komplementäre Güter sind. **Substitutive Güter** sind Güter, die aus Sicht der Konsumenten jeweils alleine in der Lage sind, ein bestimmtes Bedürfnis zu befriedigen (z. B. Butter und Margarine). **Komplementäre Güter** sind hingegen Güter, die aus Sicht der Konsumenten nur gemeinsam in der Lage sind, ein bestimmtes Bedürfnis zu befriedigen (z. B. Auto und Benzin). Unverbundene Güter sind schließlich Güter, die in gar keinem Verhältnis zueinander stehen.

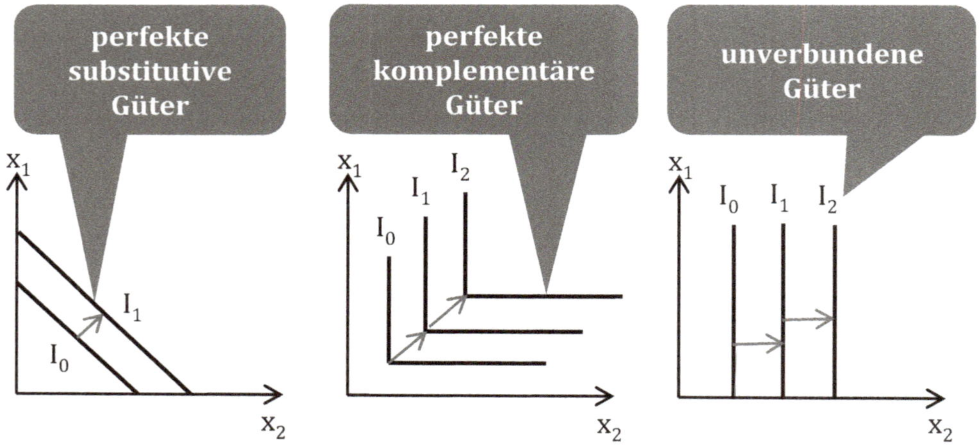

Abb. 2.2: Indifferenzkurven für verschiedene Gütertypen

Verschiedene Verläufe von Indifferenzkurven sind in Abbildung 2.2 dargestellt. Dabei gilt in allen Fällen: Je weiter eine Indifferenzkurve vom Ursprung entfernt ist, desto höher ist der damit verbundene Nutzen: $U(I_0) < U(I_1) < U(I_2)$. Unabhängig von der Art der Güter gilt für alle Indifferenzkurven, dass sich Indifferenzkurven niemals schneiden.

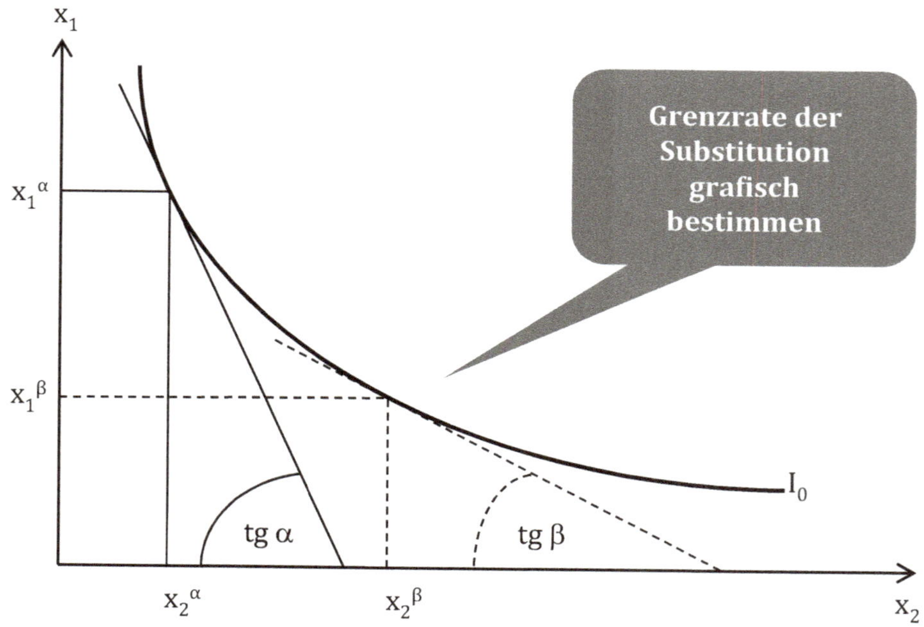

Abb. 2.3: Grafische Bestimmung der Grenzrate der Substitution

Die Steigung in einem Punkt einer Indifferenzkurve wird als Grenzrate der Substitution bezeichnet. Die Grenzrate der Substitution sagt etwas darüber aus, wie viele zusätzliche Einheiten eines Gutes ein Haushalt erhalten muss, wenn der Konsum eines anderen Gutes um eine Einheit reduziert wird und der Gesamtnutzen trotzdem unverändert bleiben soll. Die **Grenzrate der Substitution** lässt sich mit Hilfe der Steigung der Indifferenzkurve ausdrücken. In Abbildung 2.3 geben tg α und tg β jeweils die Steigung der Indifferenzkurve an, die sich durch das Verhältnis

$$\frac{\Delta x_1}{\Delta x_2}$$

ausdrücken lässt.

2

Die Grenzrate der Substitution lässt sich auch mit Hilfe der Grenznutzen der beiden Güter ausdrücken. Wird von der allgemeinen Form der Nutzenfunktion $U = U(x_1, x_2)$ ausgegangen, so kann das totale Differential dieser Nutzenfunktion gebildet werden.

$$(2.4)\ \Delta U = \frac{\partial U}{\partial x_1} \cdot \Delta x_1 + \frac{\partial U}{\partial x_2} \cdot \Delta x_2$$

Da eine Indifferenzkurve definitionsgemäß die Kurve gleicher Nutzen ist, gilt $\Delta U = 0$. Somit gelten folgende Zusammenhänge:

$$(2.5)\ 0 = \frac{\partial U}{\partial x_1} \cdot \Delta x_1 + \frac{\partial U}{\partial x_2} \cdot \Delta x_2 \Leftrightarrow \frac{\frac{\partial U}{\partial x_1}}{\frac{\partial U}{\partial x_2}} = -\frac{\Delta x_2}{\Delta x_1}$$

Für Δx_1 und Δx_2 gegen 0 gilt dann schließlich:

$$(2.6)\ \frac{\frac{\partial U}{\partial x_1}}{\frac{\partial U}{\partial x_2}} = -\frac{\partial x_2}{\partial x_1}$$

Die Grenzrate der Substitution von Gut 2 durch Gut 1 entspricht also dem umgekehrten Verhältnis der Grenznutzen der beiden Güter.

Wie in Abbildung 2.3 deutlich wird, nimmt die Rate der Substitution von Gut 2 durch Gut 1

$$\frac{\Delta x_1}{\Delta x_2}$$

– bzw. für infinitesimal kleine Änderungen von Gut 2 (Δx_2 gegen 0) die Grenzrate der Substitution von Gut 2 durch Gut 1

$$\frac{\partial x_1}{\partial x_2}$$

– betragsmäßig mit zunehmendem Konsum von Gut 2 ab. Dieser Zusammenhang wird als das **Gesetz von der abnehmenden Grenzrate der Substitution** bezeichnet. Dieses Gesetz lässt sich wie folgt erklären: Die Grenzrate der Substitution sagt etwas darüber aus, wie viele Einheiten eines Gutes ein Haushalt zusätzlich erhalten muss, wenn der Konsum eines anderen Gutes um eine Einheit reduziert wird und der Gesamtnutzen trotzdem unverändert bleiben soll. Grundsätzlich kann jede Menge eines Gutes durch Einheiten eines anderen Gutes substituiert werden. Je mehr Einheiten dabei von einem Gut konsumiert werden, desto leichter fällt es, den Minderkonsum des relativ reichlich vorhandenen Gutes durch einen Mehrkonsum des relativ gering vorhandenen Gutes zu kompensieren.

Die Präferenzen sind allerdings nur ein Aspekt der optimalen Konsumentscheidung. Ein Haushalt muss neben seinen subjektiven Wünschen auch die objektiven finanziellen Rahmenbedingungen beachten, die die Menge der bezahlbaren Güterbündel beschränken.

Budgetrestriktion eines Haushalts

Ein Haushalt verfügt über ein bestimmtes Einkommen. Dieses ergibt sich aus der Addition aller Einkommensarten (Arbeitseinkommen, Zinsen, Dividenden, Transferzahlungen etc.) und dem Abzug der direkten Steuern samt Sozialabgaben. Das verfügbare Einkommen kann entweder für Konsumausgaben verwendet oder gespart werden. Der für den Kauf von Konsumgütern eingeplante Geldbetrag ist die Konsumsumme. Ein Haushalt kann sich wegen begrenzter finanzieller Mittel nur eine bestimmte Menge an Güterbündeln leisten. Die finanzielle Begrenzung wird durch die **Budgetrestriktion** festgelegt. Die Güterbündel, die sich ein Haushalt angesichts dieser Restriktion leisten kann, stellt die **Konsummöglichkeitsmenge** dar.

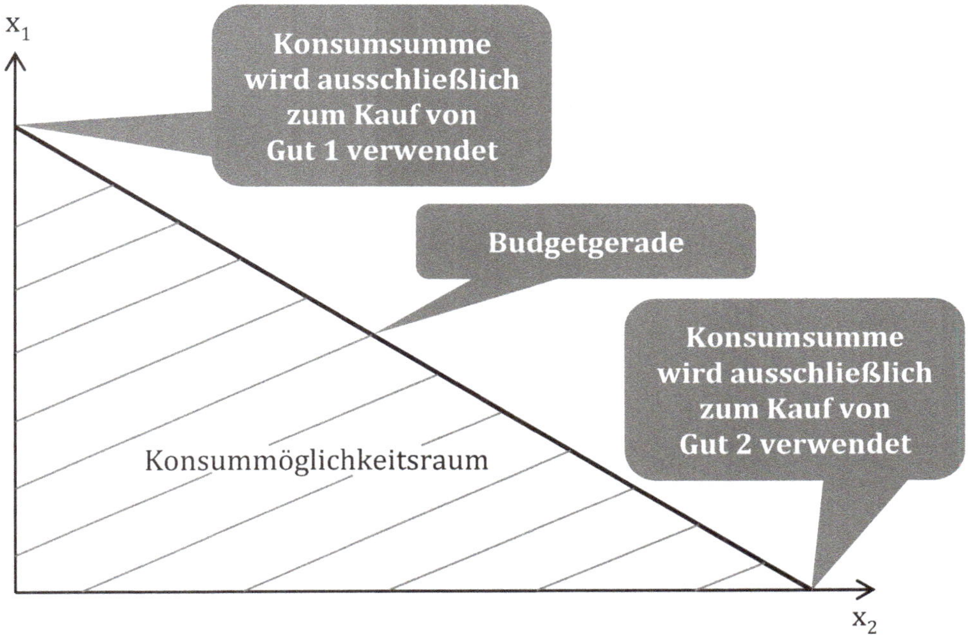

Abb. 2.4: Budgetgerade und Konsummöglichkeitsraum

Ein Haushalt teilt sein verfügbares Einkommen folglich in zwei Summen auf: den Teil, der für den Kauf von Konsumgütern verwendet wird (**Konsumsumme**), und den Teil, der für Ersparnisse genutzt wird. Wird die Möglichkeit einer Verschuldung ausgeschlossen, so kann sich ein Haushalt nur die Güterbündel leisten, die mit der Konsumsumme (k) finanzierbar sind.

Wenn der Haushalt n verschiedene Güter konsumieren kann, ergibt sich die Budgetrestriktion aus der Multiplikation der Gütermengen (x_i) mit den Güterpreisen (p_i) und der anschließenden Addition dieser Produkte für alle Güter (i = 1, 2, ... n). Die Budgetrestriktion des Haushalts lautet dann wie folgt: $p_1 \cdot x_1 + p_2 \cdot x_2 + ... + p_n \cdot x_n \leq k$. Grafisch lässt sich die Budgetrestriktion im Fall von nur zwei Gütern durch die Budgetgerade (siehe Abbildung 2.4) darstellen. Die Lage der Budgetgeraden hängt folglich von zwei Größen ab, dem Einkommen (bzw. genauer der Konsumsumme) und den Preisen. Eine Erhöhung des Einkommens – und damit auch der Konsumsumme – bewirkt eine Parallelverschiebung der Budgetgeraden nach rechts, weil der Haushalt nun von jedem der Güter eine größere Menge kaufen kann. Bei der Änderung eines Güterpreises kommt es hingegen zu einer Drehung der Budgetgeraden. Eine Senkung des Preises von Gut 1 hat beispielsweise zur Folge, dass nach wie vor die gleiche maximale Menge von Gut 2 erworben werden kann, wenn die gesamte Konsumsumme für den Kauf dieses Gutes verwendet wird. Die maximale Menge von Gut 1, die erworben werden kann, wenn die gesamte Konsumsumme für den Kauf dieses Gutes verwendet wird, nimmt hingegen zu (siehe Abbildung 2.5).

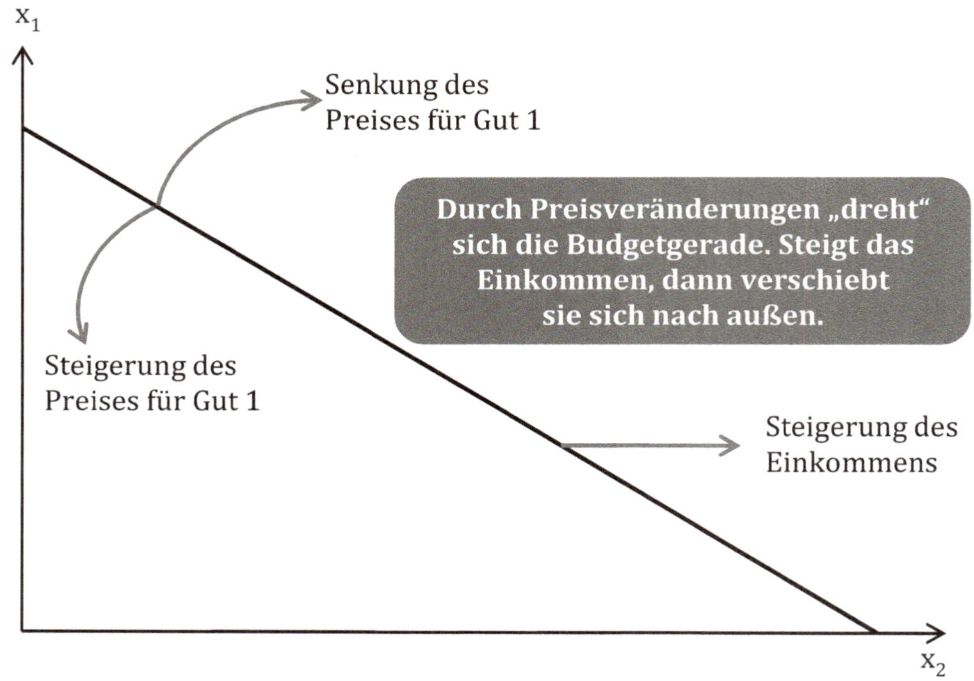

Abb. 2.5: Auswirkungen von Preis- oder Einkommensänderungen auf die Budgetgerade

Optimaler Konsumplan eines Haushalts

Ein Haushalt hat seinen optimalen Konsumplan erreicht, wenn er die ihm zur Verfügung stehende Konsumsumme so für den Kauf verschiedener Güter verwendet, dass er das höchstmögliche Nutzenniveau erreicht. Formal ergibt sich der optimale Konsumplan also dadurch, dass die Nutzenfunktion des Haushalts maximiert wird und dabei die Budgetrestriktion eingehalten wird. Grafisch lässt sich der optimale Konsumplan im Fall von nur zwei Gütern mit Hilfe der Budgetgeraden und der Indifferenzkurve ermitteln. Die Budgetrestriktion erlaubt den Kauf verschiedener Güterbündel und legt damit den Konsummöglichkeitsraum des Haushalts fest. Ziel eines nutzenmaximierenden Haushalts ist es, angesichts dieser Budgetrestriktion die Indifferenzkurve zu erreichen, die am weitesten vom Ursprung entfernt ist. Dieses Ziel wird realisiert, wenn die Budgetgerade eine Indifferenzkurve tangiert.

Der so gefundene Tangentialpunkt stellt den **optimalen Konsumplan** des Haushalts dar (siehe Abbildung 2.6).

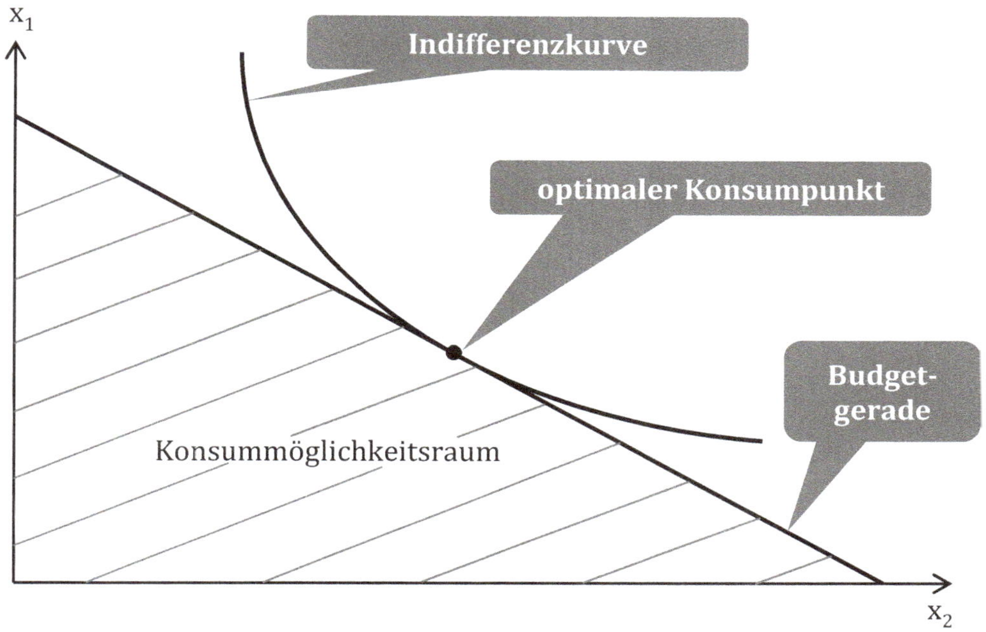

Abb. 2.6: Optimaler Konsumpunkt eines nutzenmaximierenden Haushalts

Als Tangentialpunkt zeichnet sich der optimale Konsumplan dadurch aus, dass die Steigung der Indifferenzkurve mit der Steigung der Budgetgeraden übereinstimmt. Die Steigung der Indifferenzkurve entspricht vom Betrag her der Grenzrate der Substitution

$$\frac{\partial x_2}{\partial x_1}\text{'}$$

die wiederum dem umgekehrten Verhältnis der Grenznutzen der beiden Güter

$$\frac{\frac{\partial U}{\partial x_1}}{\frac{\partial U}{\partial x_2}}$$

entspricht (siehe Gleichung 2.6). Die Steigung der Budgetgeraden lässt sich wie folgt berechnen: Die Konsumsumme (k) kann zum Kauf von Gut 1 ($p_1 \cdot x_1$) und zum Kauf von Gut 2 ($p_2 \cdot x_2$) verwendet werden. Es gilt daher:

$$(2.7)\ k = p_1 \cdot x_1 + p_2 \cdot x_2$$

Wird diese Gleichung nach x_2 aufgelöst, so ergibt sich daraus die Steigung der Budgetgeraden $-\frac{p_1}{p_2}$:

$$(2.8)\ x_2 = \frac{k}{p_2} - \frac{p_1}{p_2} \cdot x$$

Damit gelten folgende betragsmäßige Identitäten:

$$\frac{\partial x_2}{\partial x_1} = \frac{\frac{\partial U}{\partial x_1}}{\frac{\partial U}{\partial x_2}} = \frac{p_1}{p_2}.$$

Diese Optimalitätsbedingung lässt sich auch formal herleiten. Ausgangspunkt ist dabei der Wunsch eines Haushalts, seinen Nutzen zu maximieren. Im Fall von lediglich zwei Gütern ist daher die Maximierung der Nutzenfunktion $U = f(x_1, x_2)$ das Ziel eines Haushalts. Dabei ist die Budgetrestriktion (Gleichung 2.7) zu beachten. Dieses Optimierungsproblem lässt sich mit Hilfe einer Lagrange-Funktion lösen.

$$(2.9)\ £ = U(x_1, x_2) + \lambda \cdot (k - p_1 \cdot x_1 - p_2 \cdot x_2)$$

Hieraus ergeben sich die folgenden Optimalitätsbedingungen erster Ordnung, indem die Lagrange-Funktion nach x_1, x_2 und λ abgeleitet wird und diese drei partiellen Ableitungen gleich Null gesetzt werden:

$$(2.10a)\ \frac{\partial £}{\partial x_1} = \frac{\partial U}{\partial x_1} - \lambda \cdot p_1 = 0 \quad \Rightarrow \quad \frac{\partial U}{\partial x_1} = \lambda \cdot p_1$$

$$(2.10b)\ \frac{\partial £}{\partial x_2} = \frac{\partial U}{\partial x_2} - \lambda \cdot p_2 = 0 \quad \Rightarrow \quad \frac{\partial U}{\partial x_2} = \lambda \cdot p_2$$

$$(2.10c)\ \frac{\partial £}{\partial \lambda} = k - p_1 \cdot x_1 - p_2 \cdot x_2 = 0$$

Aus der Division der Gleichung 2.10a durch Gleichung 2.10b ergibt sich:

$$(2.11)\quad \frac{\frac{\partial U}{\partial x_1}}{\frac{\partial U}{\partial x_2}} = \frac{p_1}{p_2}$$

Der optimale Konsumplan zeichnet sich somit dadurch aus, dass das Verhältnis der Grenznutzen der beiden Güter dem Verhältnis der Güterpreise entspricht. Bei einer Änderung des Verhältnisses der Güterpreise ändert sich deshalb auch der optimale Konsumplan.

Substitutions- und Einkommenseffekt einer Preisänderung

Die Veränderung des Preises für ein Gut hat Konsequenzen für den optimalen Konsumplan eines Haushalts. Zunächst einmal ist zu erwarten, dass der Haushalt von dem teurer gewordenen Gut eine geringere Menge nachfragt und anstelle des verteuerten Gutes vermehrt Güter nachfragt, deren Preis unverändert geblieben ist. Die Reaktion des Haushalts auf die Veränderung der relativen Preise der verschiedenen Güter wird als **Substitutionseffekt** bezeichnet. Darüber hinaus hat der höhere Preis auch zur Folge, dass die Kaufkraft des Haushalts gesunken ist. Die Preiserhöhung bei einem Gut wirkt also wie eine Verringerung des verfügbaren Einkommens. Hiervon ist im Regelfall die Nachfrage nach allen Gütern betroffen. Die Reaktion des Haushalts auf die Reduzierung der Kaufkraft wird als **Einkommenseffekt** bezeichnet. Der Gesamteffekt einer Preisänderung setzt sich folglich aus dem Einkommens- und dem Substitutionseffekt der Preisänderung zusammen.

Grafisch lassen sich beide Effekte in einem Gütermengen-Diagramm darstellen. In Abbildung 2.7 ist unterstellt worden, dass der Preis von Gut 2 gestiegen ist. Die ursprüngliche Budgetgerade (B_0) dreht sich daher in Richtung Ursprung. Damit ändert sich der optimale Konsumplan (statt Q_0 nun Q_1) mit der Folge, dass nur noch eine geringere Indifferenzkurve (statt I_0 nun I_1) mit einem entsprechend geringeren Nutzen erreicht werden kann. Der Gesamteffekt der Preiserhöhung (Bewegung von Q_0 nach Q_1) lässt sich in den Einkommens- und den Substitutionseffekt zerlegen. Hierzu wird die neue Budgetgerade (B_1) soweit parallel nach rechts verschoben (Budgetgerade B'_0), bis die ursprüngliche Indifferenzkurve (I_0) tangiert wird. Der daraus resultierende Tangentialpunkt (Q'_0) gibt an, welches Güterbündel der Haushalt wählen würde, wenn das verfügbare Einkommen des Haushalts so weit erhöht werden würde, dass der Haushalt wieder seine ursprüngliche Indifferenzkurve (I_0) erreichen würde. Durch diese Einkommenserhöhung wird die Einkommensreduzierung, die aus der Preiserhöhung von Gut 2 resultiert, kompensiert. Damit wird auch der Einkommenseffekt der Preiserhöhung kompensiert, sodass lediglich die Veränderung des realen Austauschverhältnisses der beiden Güter übrig bleibt.

Die Reaktion des Haushalts auf die Änderung der Preisrelationen, also die Bewegung von Q_0 nach Q'_0, stellt folglich den Substitutionseffekt der Preiserhöhung von Gut 2 dar. Dieser Effekt gibt an, in welchem Ausmaß der Haushalt das Gut mit dem höheren Geldpreis durch das Gut mit dem unveränderten Geldpreis substituiert. Wird danach die Einkommenserhöhung wieder zurückgenommen, resultiert daraus die Bewegung von Q'_0 nach Q_1. Diese Bewegung gibt an, wie der Haushalt auf eine Einkommensreduzierung reagiert, wenn dabei bereits das neue Preisverhältnis gilt. Die Bewegung von Q'_0 nach Q_1 stellt somit den Einkommenseffekt dar.

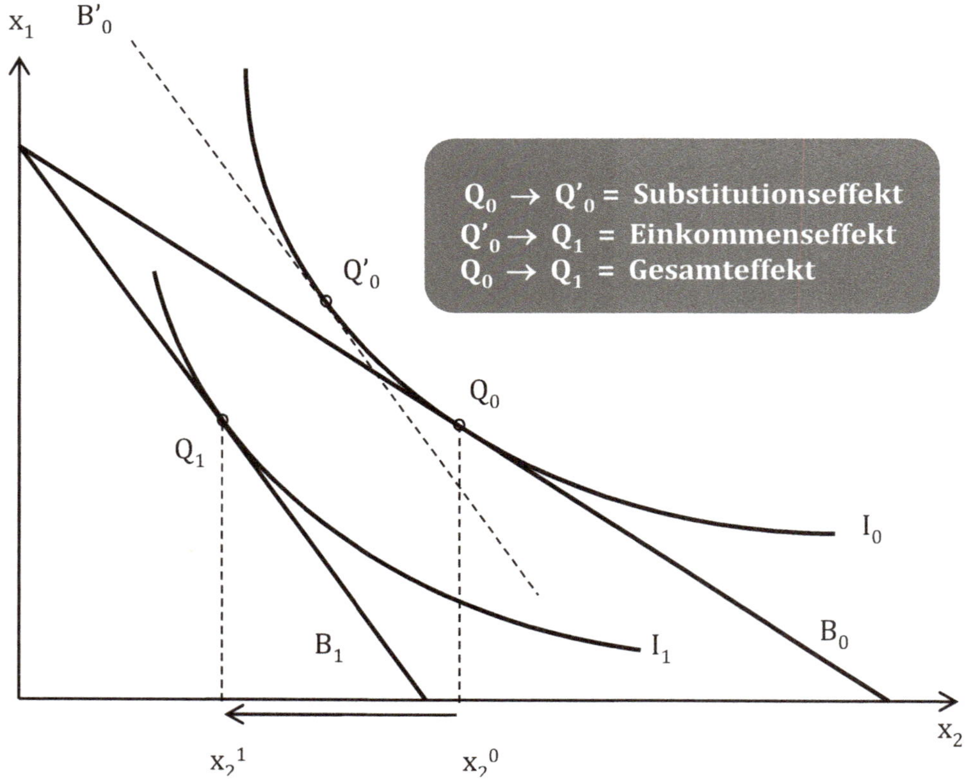

Abb. 2.7: Konsequenzen einer Erhöhung des Preises von Gut 2

Der für die Nachfragetheorie relevante Zusammenhang ist in diesem Kontext die Reaktion der Nachfrage nach Gut 2 auf die Erhöhung des Preises von Gut 2. Wie in Abbildung 2.7 erkennbar ist, hat sich die Nachfrage nach Gut 2 als Reaktion auf die Preiserhöhung verringert. Dies ist ein intuitiv erwartetes Nachfrageverhalten bzw. eine **normale Nachfrage**. Von einer normalen Nachfrage wird daher immer dann gesprochen, wenn ein Haushalt auf einen Preisanstieg eines Gutes mit einer Reduzierung der nachgefragten Menge dieses Gutes reagiert und bei einem Preisrückgang mit einer Erhöhung der nachgefragten Menge. Vorstellbar ist auch ein anomales Nachfrageverhalten. Von einer **anomalen Nachfrage** wird gesprochen, wenn ein Haushalt auf einen Preisanstieg eines Gutes mit einer Erhöhung der nachgefragten Menge dieses Gutes reagiert und bei einem Preisrückgang mit einer Reduzierung der nachgefragten Menge.

Preis- und Einkommenselastizität der Nachfrage

Die **Elastizität** gibt die Stärke eines Ursache-Wirkungsbezugs an. Mit Hilfe der Elastizität wird also die Stärke der Reaktion gemessen, mit der der Wert einer Funktion (z. B. die nachgefragte Menge x) auf eine Veränderung einer der Einflussgrößen (z. B. den Preis p) reagiert. Hierzu wird die relative Änderung des Funktionswertes

$$\frac{\Delta x}{x}$$

in Relation zur relativen Änderung der Einflussgröße bzw. der Ursache

$$\frac{\Delta p}{p}$$

gesetzt. Die Elastizität (ε) lässt sich daher in diesem Beispiel formal wie folgt ausdrücken:

$$\varepsilon\,(x, p) = \frac{\frac{\Delta x}{x}}{\frac{\Delta p}{p}} = \frac{\Delta x}{x} \cdot \frac{p}{\Delta p} = \frac{\Delta x}{\Delta p} \cdot \frac{p}{x}$$

bzw. für infinitesimal kleine Änderungen von p (Δp gegen Null) gilt:

$$\varepsilon\,(x, p) = \frac{\partial x}{\partial p} \cdot \frac{p}{x}.$$

Die Bedeutung der Elastizität kann mit Hilfe eines Beispiels verdeutlicht werden.

Angenommen, es werden zwei Güter betrachtet: Autos und Wein. Bei einem Autopreis von 10.000,- Euro werden auf dem Markt 2.000 Autos verkauft. Bei einem Preis von 10,- Euro pro Flasche Wein werden insgesamt 40.000 Flaschen verkauft. Wird nun der Preis beider Güter um einen Euro erhöht, so sinkt die Nachfrage nach Autos annahmegemäß um 0,2 Mengeneinheiten auf 1.999,8 Autos, während die Nachfrage nach Wein um 4.000 Flaschen auf 36.000 zurückgeht. Auf den ersten Blick könnte vermutet werden, dass die gleiche Ursache (Erhöhung des Preises um einen Euro) sehr unterschiedliche Nachfragereaktionen hervorruft (Rückgang um 0,2 Einheiten und um 4.000 Einheiten). Dabei ist jedoch zu beachten, dass auch die relativen Preiserhöhungen bei beiden Gütern sehr unterschiedlich sind. Während der Preis einer Flasche Wein um 10 Prozent gestiegen ist, beträgt die Steigerung des Autopreises lediglich 0,01 Prozent. Werden daher die relativen Preis- und Nachfrageänderungen in Relation zueinander gesetzt, ergibt sich Folgendes: Die 10prozentige Preiserhöhung des Weins

$$\frac{\Delta p_{Wein}}{p_{Wein}} = +0{,}1$$

geht einher mit einem 10prozentigen Nachfragerückgang

$$\frac{\Delta x_{Wein}}{x_{Wein}} = -0{,}1,$$

sodass die Nachfrageelastizität -1 beträgt:

$$\varepsilon\ (x_{Wein}, p_{Wein}) = \frac{\frac{\Delta x_{Wein}}{x_{Wein}}}{\frac{\Delta p_{Wein}}{p_{Wein}}} = \frac{-0{,}1}{0{,}1} = -1.$$

Ein Anstieg des Preises um 1 Prozent führt somit zu einem Rückgang der Nachfrage um ebenfalls 1 Prozent. Bei den Autos beträgt sowohl die Preiserhöhung

$$\frac{\Delta p_{Auto}}{p_{Auto}} = +0{,}0001$$

als auch der Nachfragerückgang

$$\frac{\Delta x_{Auto}}{x_{Auto}} = -0{,}0001$$

jeweils 0,01 Prozent, sodass auch hier die Nachfrageelastizität -1 beträgt:

$$\varepsilon\ (x_{Auto}, p_{Auto}) = \frac{\frac{\Delta x_{Auto}}{x_{Auto}}}{\frac{\Delta p_{Auto}}{p_{Auto}}} = \frac{-0{,}0001}{0{,}0001} = -1\ .$$

Im Ergebnis zeigt sich somit, dass die Stärke der Nachfragereduzierung bei beiden Gütern gleich ist.

	Wert der Elastizität		
	kleiner 0	**gleich 0**	**größer 0**
direkte Preiselastizität der Nachfrage	normale Nachfrage	preis-unabhängige Nachfrage	anomale Nachfrage
Kreuzpreis-elastizität der Nachfrage	Komplementär-Güter	unverbundene Güter	substitutive Güter
Einkommens-elastizität der Nachfrage	inferiores Gut	einkommens-unabhängiges Gut	superiores Gut

Abb. 2.8: Güter- und Nachfragetypen in Abhängigkeit von Elastizitäten

Es gibt verschiedene Nachfrageelastizitäten (direkte Preiselastizität der Nachfrage, Kreuzpreiselastizität der Nachfrage, Einkommenselastizität der Nachfrage), die unter anderem für die Definition von verschiedenen Güter- bzw. Nachfragetypen verwendet werden. Einige dieser Zusammenhänge sind in der Abbildung 2.8 dargestellt.

Die **direkte Preiselastizität der Nachfrage** gibt an, um wie viel Prozent sich die nachgefragte Menge nach einem bestimmten Gut i (x_i^N) verändert, wenn sich der Preis dieses Gutes (p_i) um 1 Prozent verändert. Die direkte Preiselastizität der Nachfrage ergibt sich aus der Division der relativen Änderung der nachgefragten Menge von Gut i durch die relative Änderung des Preises von Gut i. Formal lässt sich die direkte Preiselastizität der Nachfrage wie folgt ausdrücken:

$$\varepsilon\,(x_i^N, p_i) = \frac{\partial x_i^N}{\partial p_i} \cdot \frac{p_i}{x_i^N}\,.$$

Im Fall eines **normalen Nachfrageverhaltens** nimmt die nachgefragte Menge nach einem Gut ab, wenn der Preis dieses Gutes steigt, d. h. es gilt das Nachfragegesetz. Die direkte Preiselastizität der Nachfrage ist daher negativ:

$$\varepsilon\,(x_i^N, p_i) = \frac{\partial x_i^N}{\partial p_i} \cdot \frac{p_i}{x_i^N} < 0\,.$$

Von einer **anomalen Nachfrage** wird hingegen gesprochen, wenn ein Haushalt auf einen Preisanstieg eines Gutes mit einer Erhöhung der nachgefragten Menge dieses Gutes reagiert und bei einem Preisrückgang mit einer Reduzierung der nachgefragten Menge. Bei einer anomalen Nachfrage ist die direkte Preiselastizität der Nachfrage positiv:

$$\varepsilon\,(x_i^N, p_i) = \frac{\partial x_i^N}{\partial p_i} \cdot \frac{p_i}{x_i^N} > 0\,.$$

Die **Kreuzpreiselastizität der Nachfrage** gibt an, um wie viel Prozent sich die nachgefragte Menge nach einem bestimmten Gut i (x_i^N) verändert, wenn sich der Preis eines anderen Gutes j (p_j) um 1 Prozent verändert. Die Kreuzpreiselastizität der Nachfrage ergibt sich aus der Division der relativen Änderung der nachgefragten Menge von Gut i durch die relative Änderung des Preises von Gut j. Formal lässt sich die Kreuzpreiselastizität der Nachfrage wie folgt ausdrücken:

$$\varepsilon\,(x_i^N, p_j) = \frac{\partial x_i^N}{\partial p_j} \cdot \frac{p_j}{x_i^N}\,.$$

Die Kreuzpreiselastizität wird unter anderem für die Bestimmung von komplementären und substitutiven Gütern benötigt.

- Zwei Güter werden als **komplementäre Güter** bezeichnet, wenn sie aus Sicht der Konsumenten beide zusammen konsumiert werden müssen, z. B. Autos und Benzin. Steigt der Preis eines der Güter, so geht die nachgefragte Menge des Gutes zurück. Diese Mindernachfrage führt dazu, dass auch der Konsum des zweiten Gutes zurückgeht, weil beide Güter in einem – mehr oder weniger – festen Verhältnis zueinander konsumiert werden. Wenn also ein Anstieg des Preises für Autos die Nachfrage nach Autos reduziert (Änderung der nachgefragten Menge nach Autos), verringert sich damit auch der Bedarf an Benzin (Änderung der Nachfrage nach Benzin), sodass die Nachfrage nach Benzin ebenfalls zurückgeht, obwohl sich der Preis dafür nicht verändert hat. Komplementäre Güter zeichnen sich deshalb dadurch aus, dass die nachgefragte Menge nach einem der Güter (Gut 1) abnimmt, wenn der Preis des anderen Gutes (Gut 2) steigt. Formal sind komplementäre Güter dadurch gekennzeichnet, dass die Kreuzpreiselastizität der Nachfrage negativ ist:

$$\varepsilon\,(x_1^N, p_2) = \frac{\partial x_1^N}{\partial p_2} \cdot \frac{p_2}{x_1^N} < 0.$$

- Zwei Güter werden als **substitutive Güter** bezeichnet, wenn sie aus Sicht der Konsumenten beide in der Lage sind, ein bestimmtes Bedürfnis zu befriedigen, z. B. Butter und Margarine. Steigt der Preis eines der Güter (Butter), so geht die nachgefragte Menge des Gutes zurück. Die Mindernachfrage wird dann durch eine erhöhte Nachfrage nach dem Substitut (Margarine) kompensiert; das teurer gewordene Gut wird durch das – relativ gesehen – billigere Gut substituiert. Die Nachfrage nach Margarine nimmt also zu, obwohl sich der Preis dafür nicht verändert hat (Änderung der Nachfrage nach Margarine). Substitutive Güter zeichnen sich deshalb dadurch aus, dass die nachgefragte Menge nach einem der Güter (Gut 1) zunimmt, wenn der Preis des anderen Gutes (Gut 2) steigt. Formal sind substitutive Güter dadurch gekennzeichnet, dass die Kreuzpreiselastizität der Nachfrage positiv ist:

$$\varepsilon\,(x_1{}^N, p_2) = \frac{\partial x_1{}^N}{\partial p_2} \cdot \frac{p_2}{x_1{}^N} > 0\,.$$

- Zwei Güter werden als **unverbundene Güter** bezeichnet, wenn es gar keinen Zusammenhang zwischen der nachgefragten Menge des einen Gutes und dem Preis des anderen Gutes gibt. Die beiden Güter stiften für den Haushalt unabhängig voneinander einen Nutzen und werden unabhängig voneinander konsumiert. Formal sind unverbundene Güter dadurch gekennzeichnet, dass die Kreuzpreiselastizität der Nachfrage Null ist:

$$\varepsilon\,(x_1{}^N, p_2) = \frac{\partial x_1{}^N}{\partial p_2} \cdot \frac{p_2}{x_1{}^N} = 0\,.$$

Die **Einkommenselastizität der Nachfrage** gibt an, um wie viel Prozent sich die nachgefragte Menge nach einem bestimmten Gut i ($x_i{}^N$) verändert, wenn sich das verfügbare Einkommen (y) um 1 Prozent verändert. Die Einkommenselastizität der Nachfrage ergibt sich aus der Division der relativen Änderung der nachgefragten Menge von Gut i durch die relative Änderung des verfügbaren Einkommens. Formal lässt sich die Einkommenselastizität der Nachfrage wie folgt ausdrücken:

$$\varepsilon\,(x_i{}^N, y) = \frac{\partial x_i{}^N}{\partial y} \cdot \frac{y}{x_i{}^N}\,.$$

Die Einkommenselastizität wird unter anderem für die Bestimmung von inferioren und superioren Gütern benötigt.

- Ein Gut wird als **inferior** bezeichnet, wenn ein Anstieg des verfügbaren Einkommens dazu führt, dass die Nachfrage nach diesem Gut abnimmt. Formal ist ein inferiores Gut dadurch gekennzeichnet, dass die Einkommenselastizität der Nachfrage negativ ist:

$$\varepsilon\,(x_i{}^N, y) = \frac{\partial x_i{}^N}{\partial y} \cdot \frac{y}{x_i{}^N} < 0\,.$$

  Inferiore Güter werden von den Konsumenten als minderwertige Güter angesehen, die sie im Fall eines höheren verfügbaren Einkommens durch höherwertige Güter substituieren.

- Ein Gut wird als **superior** bezeichnet, wenn ein Anstieg des verfügbaren Einkommens dazu führt, dass die Nachfrage nach diesem Gut zunimmt. Formal ist ein superiores Gut dadurch gekennzeichnet, dass die Einkommenselastizität der Nachfrage positiv ist:

$$\varepsilon\,(x_i{}^N, y) = \frac{\partial x_i{}^N}{\partial y} \cdot \frac{y}{x_i{}^N} > 0\,.$$

Superiore Güter werden von den Konsumenten als höherwertige Güter angesehen, die sie im Fall eines höheren verfügbaren Einkommens verstärkt kaufen und dafür auf den Konsum von minderwertigen Gütern (inferioren Gütern) verzichten.

- Ein Gut wird als **einkommensunabhängig** bezeichnet, wenn eine Änderung des verfügbaren Einkommens gar keine Veränderung der nachgefragten Menge zur Folge hat. Ein Haushalt fragt somit unabhängig von der Höhe des verfügbaren Einkommens stets die gleiche Menge dieses Gutes nach. Formal ist ein einkommensunabhängiges Gut dadurch gekennzeichnet, dass die Einkommenselastizität der Nachfrage gleich Null ist:

$$\varepsilon\,(x_i^N, y) = \frac{\partial x_i^N}{\partial y} \cdot \frac{y}{x_i^N} = 0.$$

Es gibt in der Realität nur sehr wenige Güter, deren Nachfrage einkommensunabhängig ist, ein klassisches Beispiel ist Salz.

Konsequenzen für die Marktnachfrage

Die bisherigen Ausführungen zum Konsumverhalten eines Haushalts haben gezeigt, dass die Nachfrage nach einem bestimmten Gut i von einer Vielzahl von Einflussfaktoren abhängt. Neben dem Preis für das Gut selbst (p_i) und den Preisen für alle anderen Güter (p_j, p_k, p_l, ...) spielt auch das verfügbare Einkommen (y) eine Rolle. Weitere Einflussgrößen (e_1, e_2, e_3, ...) können unter anderem die Präferenzen und Einstellungen, gesetzliche Restriktionen, Erwartungen, die zur Verfügung stehende freie Zeit etc. sein. Alle diese Größen lassen sich in einer Nachfragefunktion zusammenfassen. Sie beschreibt den Zusammenhang zwischen der nachgefragten Menge eines bestimmten Gutes i (x_i^N) und den verschiedenen Einflussgrößen, d. h. die nachgefragte Menge ist eine Funktion dieser Einflussgrößen: $x_i^N = f\,(p_i, p_j, p_k, p_l, ..., y, e_1, e_2, e_3, ...)$.

Von besonderer Bedeutung ist dabei der Preis des betreffenden Gutes. Wie in Abbildung 2.7 gezeigt wurde, reagiert ein Haushalt im Normalfall auf eine Preiserhöhung eines Gutes, indem er die nachgefragte Menge dieses Gutes reduziert. Dies ist ein intuitiv erwartetes Nachfrageverhalten bzw. eine normale Nachfrage. Im Fall einer normalen Nachfrage gilt das so genannte **Nachfragegesetz**. Dieses Gesetz beschreibt den im Normalfall erwarteten negativen Zusammenhang zwischen dem Preis eines Gutes und der nachgefragten Menge dieses Gutes und zeichnet sich deshalb durch folgende Zusammenhänge aus:

- Wenn der Preis eines Gutes hoch ist, ist die nachgefragte Menge des Gutes gering.
- Wenn der Preis eines Gutes gering ist, ist die nachgefragte Menge des Gutes hoch.

- Wenn der Preis eines Gutes steigt, geht die nachgefragte Menge des Gutes zurück.
- Wenn der Preis eines Gutes sinkt, nimmt die nachgefragte Menge des Gutes zu.
- Die erste Ableitung der Nachfragefunktion nach dem Preis des Gutes ist negativ:

$$\frac{\partial x_i^N}{\partial p_i} < 0 \,.$$

- Die direkte Preiselastizität der Nachfrage ist negativ:

$$\varepsilon\,(x_i^N, p_i) = \frac{\partial x_i^N}{\partial p_i} \frac{p_i}{x_i^N} < 0 \,.$$

Aus der normalen Nachfrage lässt sich in einem nächsten Schritt die Nachfragekurve eines Haushalts entwickeln. Die Nachfragekurve stellt in einem Preis-Mengen-Diagramm den Zusammenhang zwischen der nachgefragten Menge nach einem bestimmten Gut (x_1) und dem Preis dieses Gutes dar (p_1). Alle anderen Größen, die die Höhe der nachgefragten Menge (x_1^N) bestimmen – also beispielsweise die Preise aller anderen Güter, das verfügbare Einkommen, die Präferenzen für das Gut – werden als konstante Größen angesehen und sind daher Lageparameter der Nachfragekurve. Wenn sich der Preis des Gutes ändert, erfolgt eine Bewegung auf der Nachfragekurve, d. h. es kommt zu einer **Änderung der nachgefragten Menge**. Wenn sich hingegen eine andere Einflussgröße verändert, kommt es zu einer Verschiebung der Nachfragekurve und damit zu einer **Änderung der Nachfrage**. Die in Abbildung 2.9 dargestellte Verschiebung der Nachfragekurve für einen Haushalt nach rechts, also die Zunahme der Nachfrage nach Gut 1, kann verschiedene Gründe haben. Denkbar ist unter anderem, dass

- das verfügbare Einkommen gestiegen ist und das betreffende Gut superior ist,
- das verfügbare Einkommen gesunken ist und das betreffende Gut inferior ist,
- der Preis eines substitutiven Gutes gestiegen ist,
- der Preis eines komplementären Gutes gesunken ist,
- die Bedürfnisse des Haushalts sich dahingehend verändert haben, dass die Wertschätzung von Gut 1 gestiegen ist.

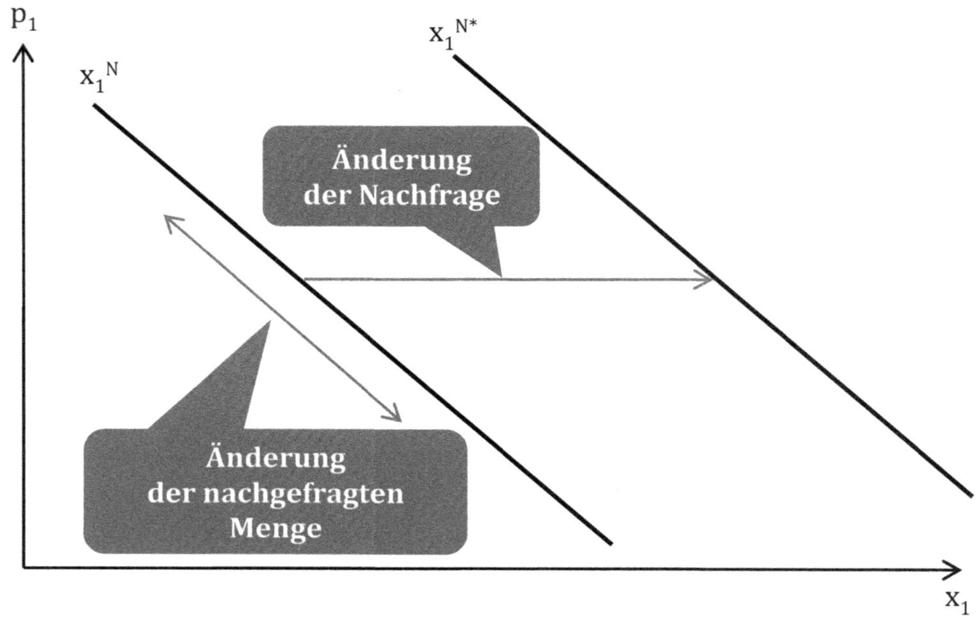

Abb. 2.9: Nachfragekurve eines Haushalts für ein Gut im Preis-Mengen-Diagramm

Die hier beschriebenen Zusammenhänge gelten nicht nur für einzelne Haushalte, sondern auch für die Gesamtheit aller Haushalte und damit für die gesamte Güternachfrage einer Volkswirtschaft. Die beschriebenen Zusammenhänge zwischen der nachgefragten Menge eines bestimmten Gutes und den verschiedenen Einflussgrößen können sich daher auf die Nachfrage eines Haushalts beziehen oder auf die gesamte Marktnachfrage. Die **Marktnachfrage** ist dabei die Gesamtnachfrage aller Haushalte, die auf dem Markt das betreffende Gut kaufen wollen. Für die weiteren Analysen wird davon ausgegangen, dass die Marktnachfrage dem Nachfragegesetz entspricht, d. h. dass die Nachfragekurve in einem Preis-Mengen-Diagramm einen fallenden Verlauf hat.

Lernfragen

Welche Aussagen treffen für eine Nutzenfunktion zu?

☐ Der Nutzen eines superioren Gutes ist größer als der eines inferioren Gutes.

☐ Die Nutzenfunktion bewertet den Nutzen aller Güter in Abhängigkeit von den konsumierten Mengen und den zu zahlenden Preisen.

☐ Die Nutzenfunktion beschreibt die Präferenzordnung eines Haushalts.

Das Gesetz vom abnehmenden Grenznutzen besagt, dass der Grenznutzen eines Gutes mit ...

☐ steigendem Preis dieses Gutes geringer wird.

☐ sinkendem Einkommen geringer wird.

☐ zunehmendem Konsum dieses Gutes immer geringer wird.

Die Indifferenzkurve stellt alle Güterkombinationen dar, die ...

☐ den gleichen Nutzen stiften.

☐ sich der Haushalt mit einem gegebenen Einkommen leisten kann.

Wenn im Zwei-Güter-Fall der Preis eines Gutes sinkt und der Preis des anderen Gutes konstant bleibt, hat dies für die Budgetgerade folgende Konsequenzen: Die Budgetgerade ...

☐ dreht sich hin zum Ursprung.

☐ dreht sich weg vom Ursprung.

☐ verschiebt sich parallel zum Ursprung.

Der optimale Konsumplan zeichnet sich dadurch aus, dass ...

☐ die Indifferenzkurve die Budgetgerade schneidet.

☐ die Steigung der Indifferenzkurve mit der Steigung der Budgetgeraden übereinstimmt.

☐ das Preis-Mengenverhältnis bei allen Gütern identisch ist.

Welche dieser beiden Güter sind komplementäre Güter?

☐ Brot und Margarine

☐ Butter und Margarine

Welche Aussagen treffen für substitutive Güter zu?

☐ Die direkte Preiselastizität der Nachfrage ist positiv.

☐ Bei einem Anstieg des Preises eines der substitutiven Güter nimmt die nachgefragte Menge des anderen substitutiven Gutes zu.

☐ Mit steigendem Einkommen nimmt die Nachfrage nach einem substitutiven Gut zu.

Wodurch zeichnet sich ein superiores Gut aus? Die nachgefragte Menge steigt, wenn ...

☐ der Preis des Gutes steigt.

☐ das verfügbare Einkommen der Konsumenten steigt.

☐ die Werbung für das Produkt intensiviert wird.

Wie verändert sich der optimale Konsumplan eines Haushalts, der nur zwei Güter konsumiert, wenn der Preis eines Gutes zunimmt?

☐ Der Substitutionseffekt der Preiserhöhung ist bei einem inferioren Gut gleich Null.

☐ Der Substitutionseffekt der Preiserhöhung ist stets positiv.

☐ Der Haushalt kann nur noch eine Indifferenzkurve mit einem geringeren Nutzenniveau erreichen.

Das Nachfragegesetz besagt, dass die nachgefragte Menge des Gutes steigt, wenn ...

☐ der Preis eines anderen Gutes steigt.

☐ der Preis des Gutes sinkt.

☐ das verfügbare Einkommen der Konsumenten steigt.

Welche Konsequenzen ergeben sich für die Marktnachfragekurve für das Gut Benzin, wenn die Kfz-Steuer steigt?

☐ Die Marktnachfragekurve für Benzin verschiebt sich nach links.

☐ Die Marktnachfragekurve für Benzin verschiebt sich nach rechts.

☐ Die Marktnachfragekurve für Benzin bleibt unverändert.

Prüfungstipps

Wenn du das Verhalten eines nutzenmaximierenden Konsumenten verstanden hast, kannst du vorhersagen, wie Konsumenten reagieren, wenn z. B. der Staat durch eine Steuererhöhung den Preis für ein bestimmtes Gut erhöht oder wenn infolge einer Wirtschaftskrise die Einkommen der privaten Haushalte sinken. Du bekommst zudem ein Gefühl dafür, dass die Nachfrage nach einem bestimmten Gut (z. B. Butter) nicht nur vom Preis dieses Gutes und dem verfügbaren Einkommen abhängt, sondern auch von anderen Preisen (z. B. dem Preis für Margarine). Damit wird deutlich, dass es in einer Marktwirtschaft Interdependenzen zwischen verschiedenen Märkten gibt.

Schritt 3:
Produktionstheorie

3

Lernhinweise

Was erwartet mich in diesem Kapitel?

Die Produktionstheorie beschäftigt sich mit der Güterproduktion in einer Volkswirtschaft. In diesem Kapitel zeigen wir die wichtigsten Zusammenhänge zwischen dem Input, d. h. den Produktionsfaktoren Arbeit, Kapital und Boden sowie dem technisch-organisatorischen Wissen, und dem Output, d. h. der Menge an produzierten Gütern, auf.

Welche Schlagwörter lerne ich kennen?

■ Produktionsfaktor ■ Produktionsfunktion ■ Gesamtertrag ■ Durchschnittsertrag ■ Grenzertrag ■ Skalenerträge ■ neoklassische Produktionsfunktion ■ ertragsgesetzliche Produktionsfunktion ■ limitationale Produktionsfunktion ■ Cobb-Douglas-Produktionsfunktion ■ Isoquante ■ Grenzrate der Faktorsubstitution

Wofür benötige ich dieses Wissen?

Die Beschreibung der technischen Zusammenhänge zwischen verschiedenen Produktionsfaktoren und dem damit herstellbaren Output stellt die Basis für die Produktionsentscheidungen der Unternehmen dar. Die Kenntnisse dieser Zusammenhänge sind notwendig, um das Angebotsverhalten der Unternehmen zu verstehen.

Die Produktionstheorie beschäftigt sich mit der Güterproduktion in einer Volkswirtschaft. Die Produktion umfasst alle ökonomischen Aktivitäten von der Rohstoffgewinnung über die Be- und Verarbeitung von Rohstoffen und Vorprodukten bis hin zum Transport der Güter zum Endverbraucher. Im Rahmen der Produktionstheorie werden die Zusammenhänge zwischen dem Input, d. h. den Produktionsfaktoren Arbeit, Kapital und Boden sowie dem technisch-organisatorischen Wissen, und dem Output analysiert.

Produktionsfaktoren und Output

Die volkswirtschaftliche Theorie der Produktion arbeitet vereinfachend mit drei Produktionsfaktoren. Der Faktor **Arbeit** umfasst die menschlichen Tätigkeiten im Rahmen der Herstellung von Gütern und Dienstleistungen. Der Faktor **Kapital** betrifft die bei der Produktion eingesetzten Sachmittel wie Maschinen, Gebäude, Roh-, Hilfs- und Betriebsstoffe sowie Vorprodukte. Beim Kapital handelt es sich daher um Sach- bzw. Realkapital. Zum Faktor **Boden** gehören neben dem Boden als Anbauboden und als Standort auch alle natürlichen Ressourcen, die von der Natur quasi gratis bereitgestellt werden. Alternativ kann die Umwelt auch als vierter Produktionsfaktor behandelt werden. Zur Produktion ist schließlich noch das technisch-organisatorische Wissen notwendig, das bei der Kombination der drei Produktionsfaktoren eingesetzt wird. Hinsichtlich des Outputs der volkswirtschaftlichen Produktion wird vereinfachend ein Universalprodukt angenommen, das sowohl als Konsumgut als auch als Input bzw. Investitionsgut verwendet werden kann und das Sozialprodukt der Volkswirtschaft darstellt.

Die volkswirtschaftliche Produktionsfunktion [$x = f(L, K, B)$] ordnet jeder Kombination der drei Produktionsfaktoren [Arbeit (L), Kapital (K), Boden (B)] und dem technisch-organisatorischen Wissen (f) die maximal herstellbare Menge des Universalprodukts (x) zu. Vereinfachend wird dabei davon ausgegangen, dass alle Faktoren homogen sind, sodass Qualitätsunterschiede – z. B. Qualifikationsunterschiede beim Faktor Arbeit – keine Rolle spielen.

Gesamt-, Durchschnitts- und Grenzertrag

Das Ergebnis der Produktionsfunktion ist der **Gesamtertrag**, also die gesamte innerhalb der Produktionsperiode (z. B. einem Jahr) hergestellte Menge des Produkts. Der **Durchschnittsertrag** ergibt sich aus der Division des Gesamtertrags durch die eingesetzte Menge eines der Faktoren. Im Fall von drei Produktionsfaktoren Arbeit, Boden und Kapital gibt es folglich den Durchschnittsertrag des Faktors Arbeit (Ertrag pro Arbeiter oder pro Arbeitsstunde), den des Faktors Boden (Ertrag pro Hektar oder pro Quadratmeter Boden) und den des Faktors Kapital (Ertrag pro Einheit an eingesetztem Kapital). Der Durchschnittsertrag entspricht auch der Durchschnittsproduktivität des betreffenden Faktors. Der **Grenzertrag** eines Faktors gibt an, wie sich der Gesamtertrag verändert, wenn der Einsatz eines Produktionsfaktors um eine Einheit erhöht wird und alle anderen Faktoreinsatzmengen konstant bleiben. Wenn also beispielsweise der Einsatz von 5 Arbeitern, 3 Hektar Boden und 10 Einheiten Sachkapital einen Gesamtertrag von 50 Tonnen Getreide erbringt und der Einsatz eines zusätzlichen Arbeiters bei nach wie vor 3 Hektar Boden und 10 Einheiten Sachkapital einen Gesamtertrag von 56 Tonnen Getreide, dann beträgt der Grenzertrag dieses Arbeiters 6 Tonnen Getreide. Der Grenzertrag entspricht auch der Grenzproduktivität des betreffenden Faktors.

Ein Zahlenbeispiel verdeutlicht die Zusammenhänge zwischen Gesamt-, Grenz- und Durchschnittsertrag (siehe Tabelle 3.1). Dabei wird vereinfachend davon ausgegangen, dass die Produktion mit nur einem Produktionsfaktor, dem Faktor Arbeit, erfolgt. Alternativ kann unterstellt werden, dass die Einsatzmengen von Boden und Kapital konstant sind und lediglich die Einsatzmenge der Arbeit variiert wird. Der Output dieses Beispiels ist Getreide, gemessen in Tonnen, die Produktionsperiode beträgt ein Jahr.

Anzahl der eingesetzten Arbeiter	Gesamtertrag in Tonnen	Grenzertrag in Tonnen	Durchschnitts-ertrag in Tonnen
0	0	0	0
1	4	4	4
2	10	6	5
3	21	11	7
4	32	11	8
5	40	8	8
6	45	5	7,5
7	49	4	7
8	52	3	6,5
9	52	0	5,78
10	50	- 2	5

Tab. 3.1: Zusammenhang zwischen Gesamt-, Durchschnitts- und Grenzertrag bei Variation der Einsatzmenge eines Produktionsfaktors

Neben der Variation von nur einem Produktionsfaktor und der Konstanthaltung aller anderen Faktoren besteht auch die Möglichkeit, die Einsatzmengen aller Produktionsfaktoren gleichzeitig zu erhöhen. Eine Verdoppelung aller Produktionsfaktoren führt im Regelfall auch zu einer Erhöhung des Gesamtertrags. Dabei sind drei grundsätzliche Entwicklungen möglich. Wenn die Verdoppelung aller Produktionsfaktoren zu einer Verdoppelung des Gesamtertrags führt, liegen konstante **Skalenerträge** vor. Wenn sich der Gesamtertrag mehr als verdoppelt, also beispielsweise verdreifacht, liegen steigende Skalenerträge vor. Von sinkenden Skalenerträgen wird gesprochen, wenn der Gesamtertrag um weniger als das Doppelte steigt.

Drei Arten von Produktionsfunktionen

In der volkswirtschaftlichen Produktionstheorie gibt es drei grundsätzliche Arten von Funktionen: die neoklassische Produktionsfunktion, die ertragsgesetzliche Produktionsfunktion und die limitationale Produktionsfunktion. Wesentliche Aspekte zur Charakterisierung dieser drei Produktionsfunktionen sind die unterschiedlichen Substitutionsmöglichkeiten sowie die Entwicklung des Grenzertrags bei der Variation eines der Produktionsfaktoren.

Die **Substitutionsmöglichkeiten** geben an, ob und in welchem Ausmaß der Mindereinsatz eines der Produktionsfaktoren (z. B. Arbeit) durch den Mehreinsatz eines anderen Faktors (z. B. Kapital) ausgeglichen werden kann, ohne dass sich der Gesamtertrag dadurch verändert. Bei einer neoklassischen Produktionsfunktion ist das Verhältnis der eingesetzten Produktionsfaktoren vollkommen flexibel, sodass jede Menge eines Faktors durch bestimmte Mengen eines anderen Faktors ersetzt werden kann. Bei einer limitationalen Produktionsfunktion ist das Verhältnis der eingesetzten Produktionsfaktoren fix, sodass überhaupt keine Substitutionsmöglichkeiten bestehen. Ein Beispiel hierfür ist die Produktion von Autos, bei denen das Einsatzverhältnis zwischen Autoreifen und Automotoren zur Herstellung eines Autos konstant ist und vier zu eins beträgt. Die ertragsgesetzliche Produktionsfunktion zeichnet sich dadurch aus, dass die Produktionsfaktoren in begrenztem Maße substituierbar sind.

Die **Entwicklung des Grenzertrags** bei steigendem Einsatz eines Produktionsfaktors und Konstanthaltung der Einsatzmengen aller anderen Produktionsfaktoren ist ein zweites Unterscheidungsmerkmal der drei Produktionsfunktionen. Die **neoklassische Produktionsfunktion** zeichnet sich durch positive, aber abnehmende Grenzerträge aus. Dies bedeutet, dass der zusätzliche Einsatz eines Faktors stets zu einer Zunahme des Gesamtertrags führt. Diese Zuwächse werden aber bei steigendem Einsatz des betreffenden Faktors immer geringer. Werden bei der Produktion von Getreide die Einsatzmengen von Boden und Kapital konstant gehalten, so führt der Einsatz des ersten zusätzlichen Arbeiters z. B. zu einer zusätzlichen Getreideproduktion von 3 Tonnen, während der Einsatz eines zweiten weiteren Arbeiters nur noch einen Grenzertrag von 2 Tonnen erbringt, der Einsatz eines dritten zusätzlichen Arbeiters nur noch 1,5 Tonnen und so weiter. Eine allgemeine Funktion, die diese Eigenschaften aufweist, lautet

$$x = f(K, L) = a \cdot K^{\alpha} \cdot L^{\beta}.$$

Dabei sind a, α und β positive und konstante Parameter.

Eine **ertragsgesetzliche Produktionsfunktion** hat zunächst positive und steigende Grenzerträge. Die Zunahme der Grenzerträge erreicht dann einen Maximalwert. Danach liegen positive, aber abnehmende Grenzerträge vor. Der Grenzertrag erreicht schließlich einen Wert von Null, d. h. der Einsatz eines weiteren Arbeiters erhöht den Gesamtertrag nicht mehr. Danach kommt es sogar zu negativen Grenzerträgen. Der Einsatz einer zusätzlichen Arbeitskraft führt dann sogar dazu, dass der Gesamtertrag zurückgeht. Das in Tabelle 3.1 vorgestellte Zahlenbeispiel zeichnet sich durch einen ertragsgesetzlichen Verlauf aus. Eine Funktion, die diese Eigenschaften aufweist, ist die so genannte Sato-Funktion:

$$x = f(K, L) = \frac{K^2 + L^2}{K^3 + L^3}.$$

Bei einer **limitationalen Produktionsfunktion** gibt es zwei Bereiche mit unterschiedlichen Verläufen der Grenzerträge, die sich exemplarisch wie folgt beschreiben lassen:

Unterstellt wird eine Produktion von Autos. Angenommen, die Menge an verfügbaren Autoreifen beträgt 40 Einheiten. Wird die Einsatzmenge an Motoren, ausgehend von Null, sukzessive um eine Einheit erhöht, so nimmt die Menge an produzierten Autos jeweils um eine Einheit zu. Der Grenzertrag eines zusätzlichen Motors ist daher bis zum 10. Motor konstant und beträgt ein Auto. Wird dann ein 11. Motor bei der Produktion eingesetzt, so erhöht dies den Output an Autos nicht weiter, weil die vorhandene Menge an Autoreifen keine höhere Produktionsmenge zulässt. Der Grenzertrag eines Motors ist daher Null, weil die produzierbare Menge durch den begrenzten Einsatz des zweiten Produktionsfaktors limitiert wird.

Die maximal herstellbare Menge wird also durch den Faktor begrenzt, der relativ am knappsten ist. Zur Spezifizierung der limitationalen Produktionsfunktion werden die Inputkoeffizienten benötigt. Ein Inputkoeffizient gibt an, wie viele Einheiten eines bestimmten Faktors für die Herstellung einer Einheit des Outputs benötigt werden. Im Fall der Produktion von Autos hat der Inputkoeffizient des Faktors Reifen den Wert vier. Inputkoeffizienten können variabel oder konstant sein. Sind alle Inputkoeffizienten konstant, liegt eine linear-limitationale Produktionsfunktion vor. Formal lautet eine limitationale Funktion wie folgt:

$$x = f(K, L, B) = \text{Minimum}\left\{\frac{K}{k}; \frac{L}{l}; \frac{B}{b}\right\},$$

wobei k, l und b die Inputkoeffizienten der Faktoren Kapital, Arbeit und Boden sind.

Grafisch lassen sich die drei Produktionsfunktionen durch den Zusammenhang des Gesamtertrags (x) und der Variation eines der Produktionsfaktoren (z. B. Arbeit (L)) unter Konstanthaltung der Einsatzmengen der beiden anderen Produktionsfaktoren (Kapital und Boden) darstellen. Die für die jeweilige Produktionsfunktion typischen Verläufe sind in der Abbildung 3.1 dargestellt.

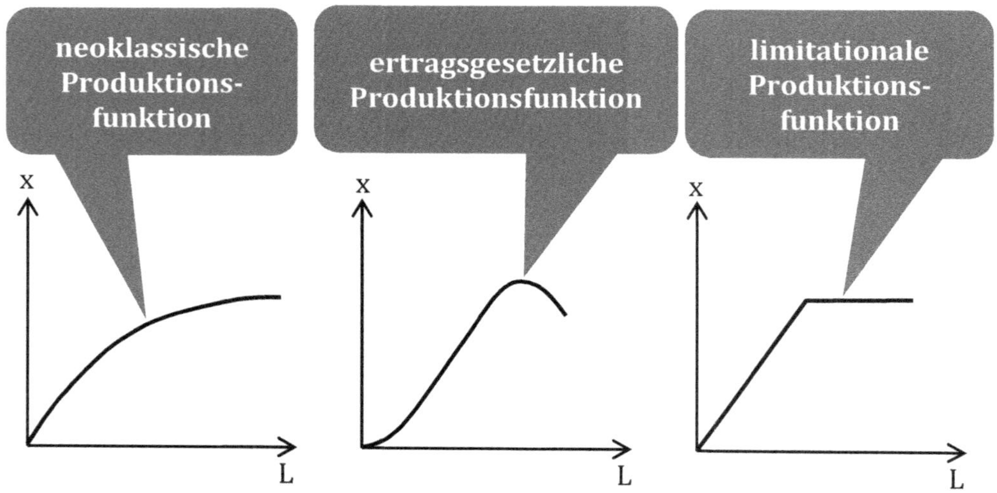

Abb. 3.1: Gesamterträge verschiedener Produktionsfunktionen bei Variation der Einsatzmenge des Produktionsfaktors Arbeit

Isoquanten und Grenzrate der Faktorsubstitution

Die **Isoquante** einer Produktionsfunktion gibt alle Kombinationen von effizienten Inputmengen an, die den gleichen Gesamtertrag hervorbringen. Ein Inputbündel (I) wird dabei als effizient angesehen, wenn es kein anderes Inputbündel (I') gibt, das den gleichen Output erbringt wie I, dabei von keinem Faktor mehr Einheiten benötigt als I und von mindestens einem Faktor weniger Einheiten benötigt als I. Die für die drei Produktionsfunktionen typischen Verläufe der Isoquanten sind in der Abbildung 3.2 dargestellt.

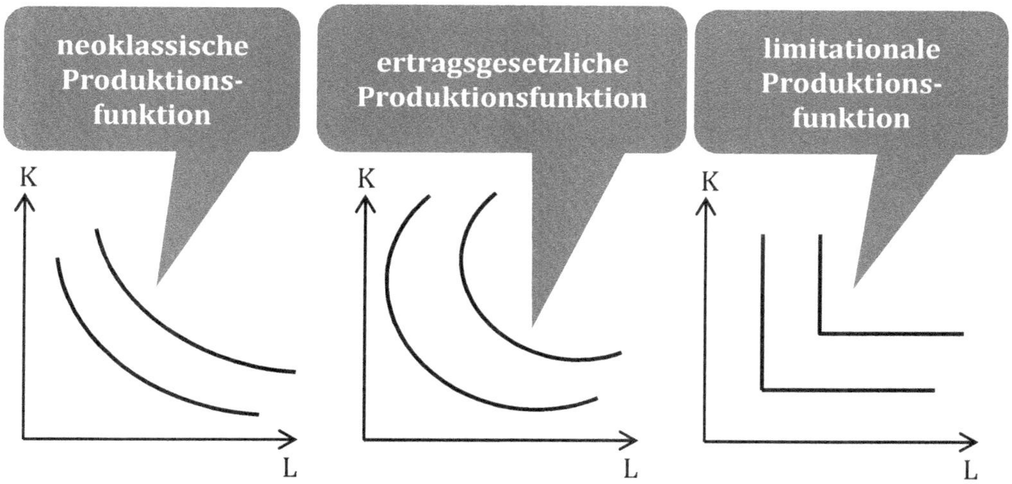

Abb. 3.2: Isoquanten der verschiedenen Produktionsfunktionen

An der Steigung der Isoquanten kann das Ausmaß der Substitutionsmöglichkeiten abgelesen werden. Die Steigung der Isoquanten lässt sich in jedem Punkt mit Hilfe einer Tangente messen. In Abbildung 3.3 gibt tg α die Isoquantensteigung an, die sich durch das Verhältnis

$$\frac{\Delta L}{\Delta K}$$

ausdrücken lässt. Das Verhältnis von ΔL zu ΔK gibt an, wie viele zusätzliche Einheiten an Arbeit eingesetzt werden müssen, wenn der Einsatz an Kapital um eine Einheit reduziert wird und der Gesamtertrag trotzdem unverändert bleiben soll. Die Rate der Substitution von Kapital durch Arbeit

$$\frac{\Delta L}{\Delta K}$$

– bzw. für infinitesimal kleine Änderungen von K (ΔK gegen 0) die Grenzrate der Substitution von Kapital durch Arbeit

$$\frac{\partial L}{\partial K}$$

– nimmt also betragsmäßig mit zunehmendem Kapitaleinsatz ab (s. Abb. 3.3).

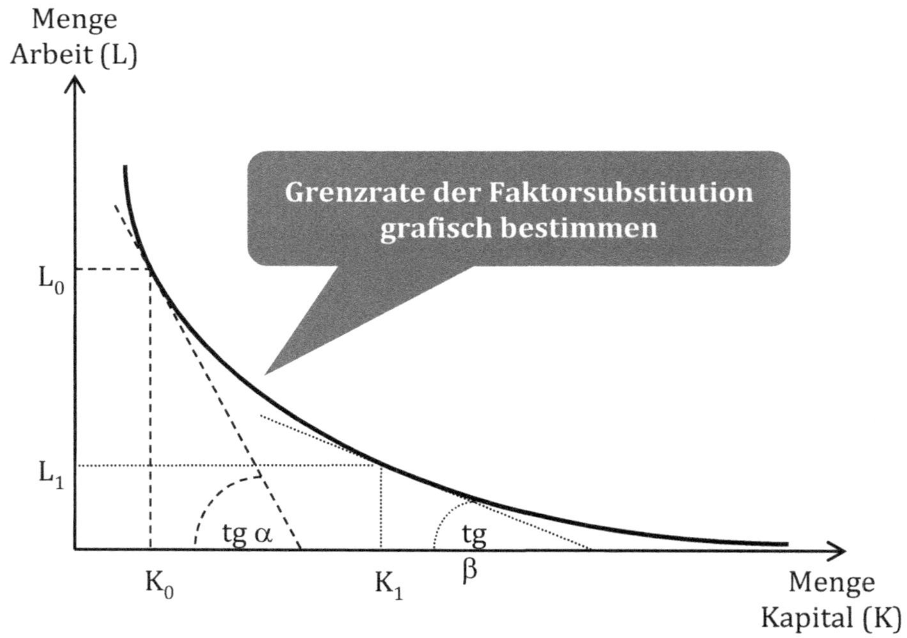

Abb. 3.3: Grafische Bestimmung der Grenzrate der Faktorsubstitution

Die Grenzrate der Substitution, die die Steigung der Isoquanten angibt, lässt sich auch mit Hilfe der Grenzproduktivitäten der beiden Produktionsfaktoren ausdrücken. Wird von der allgemeinen Form der neoklassischen Produktionsfunktion x = f (K, L) ausgegangen, so kann das totale Differential dieser Produktionsfunktion gebildet werden.

$$(3.1)\ \Delta x = \frac{\partial x}{\partial K} \cdot \Delta K + \frac{\partial x}{\partial L} \cdot \Delta L$$

Da eine Isoquante definitionsgemäß die Kurve gleicher Produktionsmengen ist, gilt $\Delta x = 0$.

$$(3.2)\ 0 = \frac{\partial x}{\partial K} \cdot \Delta K + \frac{\partial x}{\partial L} \cdot \Delta L \quad \Leftrightarrow \quad \frac{\frac{\partial x}{\partial K}}{\frac{\partial x}{\partial L}} = -\frac{\Delta L}{\Delta K}$$

$$\text{bzw. für } \Delta K \text{ gegen } 0\text{:} \quad \frac{\frac{\partial x}{\partial K}}{\frac{\partial x}{\partial L}} = -\frac{\partial L}{\partial K}$$

Die Grenzrate der Substitution von Kapital durch Arbeit entspricht also dem umgekehrten Verhältnis der Grenzproduktivitäten der beiden Faktoren.

Die Bedeutung von Produktionsfunktionen

Als Beschreibung der technischen Zusammenhänge zwischen verschiedenen Produktionsfaktoren und dem damit herstellbaren Output sind Produktionsfunktionen die Basis für die Produktionsentscheidungen der Unternehmen. Die Produktionsentscheidungen hängen allerdings nicht nur von technologischen Aspekten ab, sondern auch von monetären Erwägungen. Die Entscheidung für ein bestimmtes Produktionsverfahren und Produktionsvolumen ist letztlich davon abhängig, ob sich damit ein Gewinn erzielen lässt oder nicht. Voraussetzung dafür ist, dass der Erlös alle anfallenden Kosten deckt. Die bisherigen produktionstechnologischen Überlegungen sind deshalb in einem nächsten Schritt um kostentheoretische Aspekte zu erweitern.

Lernfragen

Was ist eine Isoquante?

☐ Alle Kombinationen von effizienten Inputmengen, die den gleichen Gesamtertrag hervorbringen.

☐ Die grafische Darstellung des Zusammenhangs zwischen dem Input eines Produktionsfaktors und der damit maximal herstellbaren Menge eines Konsumguts.

Der Durchschnittsertrag eines Produktionsfaktors ...

☐ gibt an, wie sich der Output verändert, wenn der Einsatz des Produktionsfaktors um eine Einheit erhöht wird.

☐ ergibt sich aus der Division des Outputs durch die eingesetzte Menge des Produktionsfaktors.

Eine neoklassische Produktionsfunktion hat ...

☐ eine positive, aber abnehmende Grenzproduktivität.

☐ zunächst eine steigende, dann aber sinkende Grenzproduktivität.

☐ eine konstante Durchschnittsproduktivität.

Eine linear-limitationale Produktionsfunktion hat ...

☐ eine steigende Durchschnittsproduktivität.

☐ eine Grenzproduktivität, die geringer ist als die Durchschnittsproduktivität.

☐ konstante Skalenerträge.

Eine ertragsgesetzliche Produktionsfunktion hat ...

☐ zunächst eine steigende, dann aber sinkende Grenzproduktivität.

☐ eine Ertragskurve mit einer durchgehend positiven Steigung.

☐ vollkommen substituierbare Produktionsfaktoren.

Welche Aussagen treffen für die Isoquanten einer neoklassischen Produktionsfunktion mit steigenden Skalenerträgen zu?

☐ Der Isoquantenverlauf ist konkav zum Ursprung.

☐ Der Isoquantenverlauf ist konvex zum Ursprung.

☐ Der Isoquantenverlauf ist zum Teil konkav und zum Teil konvex zum Ursprung.

Welche Aussagen treffen für die Produktionsfunktion $Y = K^{\alpha} L^{1-\alpha}$ mit $0 < \alpha < 1$ und mit K (Kapital), L (Arbeit) > 0 zu?

☐ Die Grenzproduktivität des Faktors Arbeit beträgt $(\frac{K}{L})^{\alpha}(1-\alpha)$.

☐ Die Grenzproduktivität des Faktors Arbeit beträgt $(\frac{K}{L})^{\alpha-1}(1-\alpha)$.

☐ Die Durchschnittsproduktivität des Faktors Arbeit beträgt $\alpha\,(\frac{K}{L})^{\alpha}$.

Prüfungstipps

Von den hier behandelten verschiedenen Produktionsfunktionen ist die sogenannte »Cobb-Douglas-Produktionsfunktion« die Funktion, die in den meisten weiter führenden ökonomischen Modellen verwendet wird. Egal, ob es um Fragen der Einkommensverteilung, der Außenwirtschaft, der Wachstumstheorie oder der Arbeitsmarkttheorie geht – diese Produktionsfunktion begegnet dir immer wieder. Mit den Eigenschaften dieser Funktion solltest du dich daher intensiv auseinandersetzen.

Schritt 4:
Kostentheorie

4

Lernhinweise

Was erwartet mich in diesem Kapitel?

In diesem Kapitel zeigen wir die wichtigsten Zusammenhänge zwischen der von einem Unternehmen hergestellten Gütermenge und den damit verbundenen Kosten. Zudem zeigen wir, nach welchen Kriterien ein Unternehmen die gewinnmaximale Menge an produzierten Gütern bestimmt und wie ein Unternehmen auf eine Veränderung des Marktpreises reagieren.

Welche Schlagwörter lerne ich kennen?

■ Kosten ■ Fixkosten ■ variablen Kosten ■ Isokostenkurve ■ Minimalkostenkombination ■ Faktorverbrauchsfunktion ■ Gesamtkosten ■ Grenzkosten ■ Durchschnittskosten ■ Angebotsfunktion ■ Gewinnfunktion ■ Angebotskurve ■ Marktangebot

Wofür benötige ich dieses Wissen?

Das Angebotsverhalten der Unternehmen ist – neben dem Nachfrageverhalten der Konsumenten – der zweite zentrale Einflussfaktor für die Preisbildung auf Märkten. Um die Funktionsweise von Märkten zu verstehen ist es daher notwendig, das Verhalten der Unternehmen und deren Reaktionen auf Preisänderungen zu kennen.

Die Produktionstheorie beschäftigt sich nur mit den technologisch bedingten Zusammenhängen zwischen Input und Output. Die Faktorpreise – vor allem der Lohnsatz für den Faktor Arbeit und der Zins für den Faktor Kapital – werden erst im Rahmen der Kostentheorie behandelt. Die im Folgenden näher zu untersuchende Kostenfunktion beschreibt den Zusammenhang zwischen dem Output und den geringsten Kosten, zu denen einzelne Outputmengen hergestellt werden können.

Isokostengerade und Minimalkostenkombination

Kosten sind der mit Geldeinheiten bewertete Verbrauch von Produktionsfaktoren, die zur Herstellung einer bestimmten Produktionsmenge erforderlich sind.

In der kurzen Frist ist zwischen variablen und fixen Kosten zu unterscheiden. Da kurzfristig die Einsatzmenge einiger Faktoren nicht verändert werden kann (z. B. der Einsatz von Gebäuden und Maschinen), fallen die mit diesen Faktoren verbundenen Kosten unabhängig von der produzierten Menge an. Diese Kosten sind die **Fixkosten**. Die **variablen Kosten** sind hingegen die Kosten der Faktoren, deren Einsatzmengen von der produzierten Menge abhängen (z. B. Arbeitseinsatz, notwendige Rohstoffe und Vorprodukte). In der langen Frist können die Einsatzmengen aller Faktoren variiert und der produzierten Menge angepasst werden, sodass es langfristig nur variable Kosten gibt.

Gehen wir zunächst davon aus, dass die Einsatzmengen aller Produktionsfaktoren variabel sind, so stellt sich die Frage, welche Kombination an Produktionsfaktoren bei einer gegebenen Produktionstechnologie die geringsten Kosten für die Herstellung einer bestimmten Outputmenge verursacht. Die Suche nach dem kostenminimalen Faktoreinsatz lässt sich grafisch mit Hilfe der Isokostenkurve durchführen. Die **Isokostenkurve** enthält alle Faktorbündel, die die gleichen Gesamtkosten (C_0) verursachen. Wird vereinfachend von nur zwei Produktionsfaktoren – Kapital (K) und Arbeit (L) – ausgegangen, so lassen sich die Gesamtkosten berechnen, indem die Einsatzmengen der beiden Faktoren mit den gegebenen Faktorpreisen – Zinssatz (r) und Lohnsatz (w) – multipliziert und anschließend addiert werden: $C_0 = r \cdot K + w \cdot L$. Eine bestimmte, vorgegebene Kostensumme lässt sich so aufteilen, dass entweder nur Kapital eingesetzt wird oder nur Arbeit oder dass eine beliebige Kombination der beiden Faktoren stattfindet. In einem Arbeitsmengen-Kapitalmengen-Diagramm liegen alle Kombinationen, die die gleichen Gesamtkosten verursachen, auf einer Geraden, der so genannten Isokostengeraden. In Abbildung 4.1 sind verschiedene Isokostengeraden eingezeichnet. Dabei gilt: je weiter eine Gerade vom Ursprung entfernt ist, desto höher sind die Gesamtkosten ($C_0 < C_1 < C_2 < C_3$).

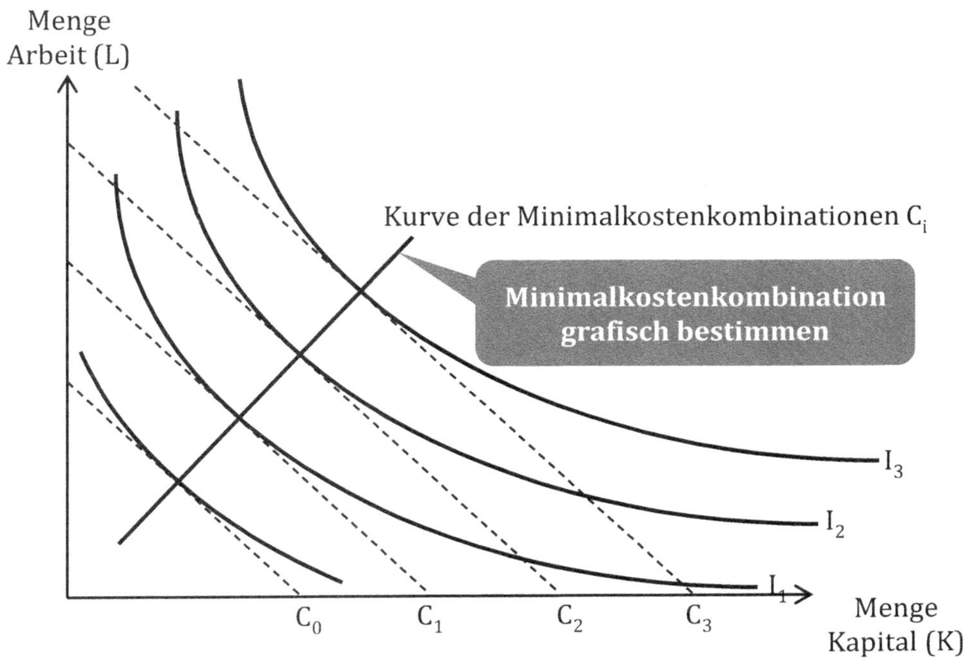

Abb. 4.1: Grafische Bestimmung der Minimalkostenkombination

Ziel ist es, mit einer vorgegebenen Kostenhöhe die maximal erzielbare Produktionsmenge zu realisieren. Hierfür werden die Isoquanten – also alle Kombinationen von effizienten Inputmengen, die den gleichen Gesamtertrag hervorbringen – benötigt. Grafisch bedeutet dies, dass für jede gegebene Isokostengerade die Isoquante (I) gesucht wird, die den größten Output erbringt. Umgekehrt heißt dies, dass für jede gegebene Produktionsmenge die geringsten Kosten gesucht werden, zu denen diese Menge hergestellt werden kann. Diesem Prinzip der Kostenminimierung folgend, lässt sich für jede hergestellte Menge die Minimalkostenkombination bestimmen, also das Bündel an Inputfaktoren, das eine bestimmte Produktionsmenge zu den niedrigsten Kosten herstellen kann. Die **Minimalkostenkombination** liegt dort, wo eine Isoquante von einer Isokostengeraden tangiert wird. Als Tangentialpunkt zeichnet sich die Minimalkostenkombination dadurch aus, dass die Steigung der Isoquanten mit der Steigung der Isokostengeraden übereinstimmt. Die Steigung der Isoquanten entspricht vom Betrag her der Grenzrate der Substitution

$$\frac{\partial L}{\partial K},$$

die wiederum dem umgekehrten Verhältnis der Grenzproduktivitäten der beiden Faktoren

$$\frac{\frac{\partial x}{\partial K}}{\frac{\partial x}{\partial L}}$$

entspricht. Die Steigung der Isokostenkurve lässt sich wie folgt berechnen: Die Kosten setzen sich aus den Arbeitskosten, d. h. dem Produkt aus Lohnsatz und eingesetzter Arbeitsmenge, und den Kapitalkosten, d. h. dem Produkt aus Zinssatz und eingesetzter Kapitalmenge, zusammen. Damit ergeben sich folgende Gesamtkosten:

$$(4.1)\ C = r \cdot K + w \cdot L$$

Wird eine bestimmte Kostensumme C_0 vorgegeben und die Gleichung 4.1 nach L aufgelöst, so ergibt sich daraus die Steigung der Isokostengeraden $-r/w$.

$$(4.2)\ L = \frac{C_0}{w} - \frac{r}{w} \cdot K$$

Damit gelten folgende betragsmäßige Identitäten:

$$(4.3)\ \frac{\partial L}{\partial K} = \frac{\frac{\partial x}{\partial K}}{\frac{\partial x}{\partial L}} = \frac{r}{w}$$

Die Minimalkostenkombination zeichnet sich dadurch aus, dass das Verhältnis der Grenzproduktivitäten der beiden Produktionsfaktoren dem Verhältnis der Faktorpreise entspricht. Bei einer Änderung des Verhältnisses der Faktorpreise ändert sich deshalb auch die kostenminimierende Kombination von Arbeit und Kapital. Eine Erhöhung des Lohnsatzes führt dazu, dass die relativ teurer gewordene Arbeit durch einen vermehrten Kapitaleinsatz substituiert wird. Zur Produktion einer bestimmten, unveränderten Outputmenge wird daher weniger Arbeit und mehr Kapital eingesetzt.

Durchschnitts- und Grenzkosten

Die grafische Ableitung der Minimalkostenkombinationen hat verdeutlicht, dass die Höhe der Kosten von zwei Einflussgrößen abhängt: den Faktorkosten und den technologischen Produktionsbedingungen. Die letztgenannte Einflussgröße bedeutet, dass sich die Kostenfunktion aus der Produktionsfunktion ableiten lässt. Wird vereinfachend von einer Produktionsfunktion mit nur einem Produktionsfaktor – dem Faktor Arbeit (L) – ausgegangen, so kann aus der Produktionsfunktion $x = f(L)$ die Umkehrfunktion $L = f^{-1}(x)$ gebildet werden. Diese gibt an, wie viele Einheiten Arbeit erforderlich sind, um eine bestimmte Produktionsmenge herzustellen. Sie wird daher auch Faktorverbrauchsfunktion genannt. Für eine neoklassische Produktionsfunktion mit positiven, aber abnehmenden Grenzerträgen ist der Zusammenhang zwischen der Produktionsfunktion und der Faktorverbrauchsfunktion in Abbildung 4.2 dargestellt.

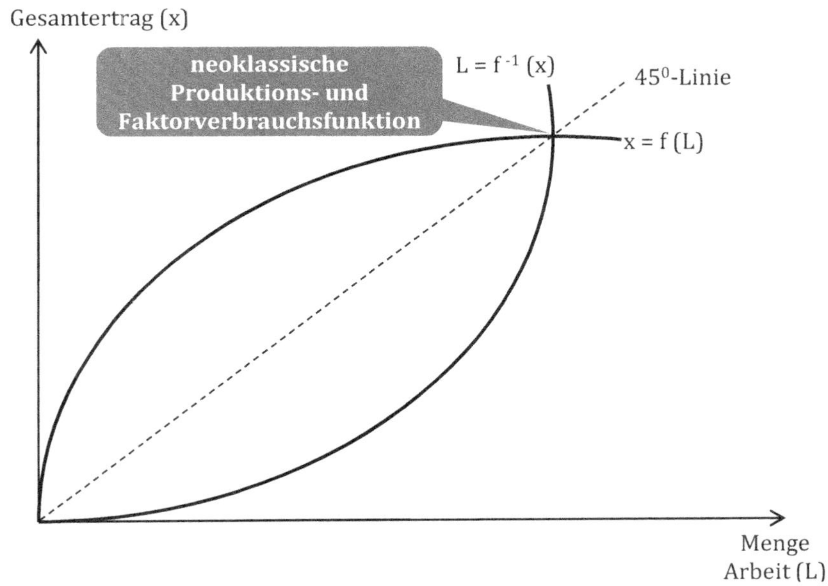

Abb. 4.2: Neoklassische Produktionsfunktion mit dazugehörender Faktorverbrauchsfunktion

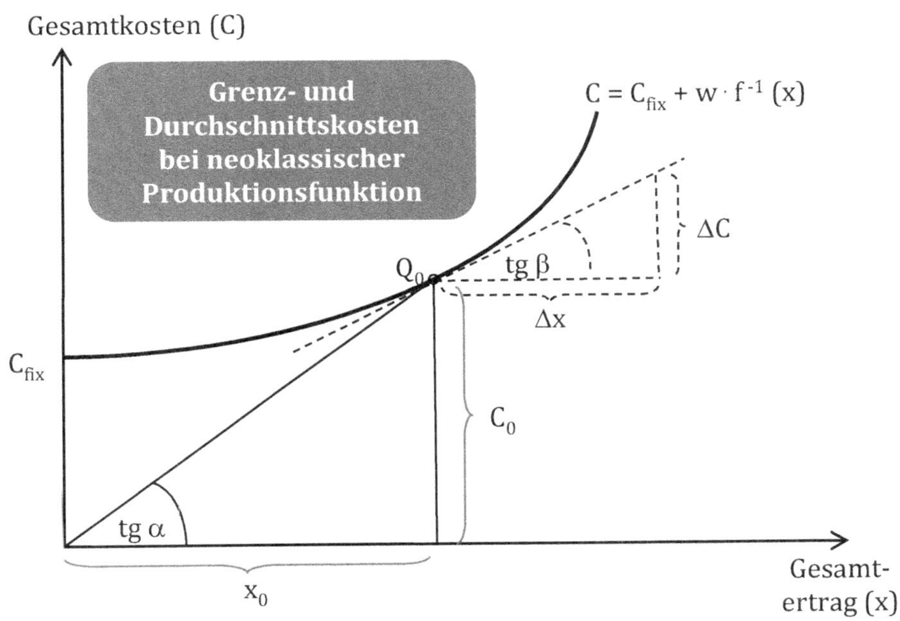

Abb. 4.3: Grenz- und Durchschnittskosten bei einer neoklassischen Produktionsfunktion

Zu den Kosten gelangt man, indem der Faktorverbrauch mit dem entsprechenden Faktorpreis multipliziert wird – im Fall des Faktors Arbeit mit dem Lohnsatz. Werden schließlich noch die Fixkosten (C_{fix}) hinzugenommen, resultieren daraus die Gesamtkosten, die mit der Produktion des Gesamtertrags x verbunden sind (siehe Abbildung 4.3).

Aus dieser Gesamtkostenkurve lassen sich die Grenz- und die Durchschnittskosten ableiten. Die **Durchschnittskosten** im Punkt Q_0 sind definiert als

$$\frac{C_0}{x_0}$$

und werden daher durch tg α dargestellt. Die **Grenzkosten** im Punkt Q_0 sind definiert als

$$\frac{\Delta C}{\Delta x}$$

bzw. für infinitesimal kleine Änderungen von x (Δx gegen 0) als

$$\frac{\partial C}{\partial x}.$$

Die Grenzkosten sind folglich die Steigung der Gesamtkostenkurve im Punkt Q_0 und werden durch tg β dargestellt. Es ist unmittelbar einsichtig, dass mit steigendem Einsatz an Arbeit tg β größer wird, d. h. dass die Grenzkosten mit steigendem Einsatz des Faktors Arbeit zunehmen. Die Durchschnittskosten werden – ausgehend von $x = 0$ – zunächst kleiner. Sie erreichen ihr Minimum dort, wo sie den Grenzkosten entsprechen. Anschließend nehmen die Durchschnittskosten wieder zu, sodass ein u-förmiger Verlauf der Durchschnittskostenkurve vorliegt.

Skalenerträge und Kosten

Die Konstanz von Grenz- und Durchschnittskosten sowie deren Identität hängen von den Skalenerträgen der Produktionsfunktion ab. Die hier untersuchte Cobb-Douglas-Produktionsfunktion zeichnet sich durch konstante Skalenerträge aus. Dies bedeutet, dass eine Verdoppelung aller Produktionsfaktoren zu einer Verdoppelung der Produktionsmenge führt.

Da die Faktorpreise annahmegemäß konstant sind, bedeutet eine Verdoppelung der Produktionsfaktoren zugleich eine Verdoppelung der Produktionskosten. Die Kosten erhöhen sich somit proportional zur Produktionsmenge, sodass die Durchschnitts- bzw. Stückkosten unverändert bleiben. Auch die Kosten einer zusätzlichen Einheit des Outputs – die Grenzkosten – bleiben somit unverändert. Steigende Skalenerträge sind hingegen mit sinkenden Grenz- und Durchschnittskosten verbunden. Dies lässt sich wie folgt begründen: Steigende Skalenerträge bedeuten, dass eine Verdoppelung der Produktionsfaktoren dazu führt, dass der Output um mehr als das Doppelte zunimmt. Dies bedeutet zugleich, dass für eine Verdoppelung der Produktionsmenge weniger als eine Verdoppelung der Faktoreinsatzmengen erforderlich ist. Daher erfolgt auch keine Verdoppelung der Kosten, d. h. die Produktionskosten nehmen in Relation zur Produktionsmenge nur unterproportional zu. Dies hat zur Folge, dass jede zusätzlich produzierte Einheit weniger Kosten verursacht als die bisher produzierten Mengeneinheiten (sinkende Grenzkosten), sodass auch die Durchschnitts- bzw. Stückkosten abnehmen. Die Zusammenhänge zwischen den Skalenerträgen und den Kosten (Gesamt-, Grenz- und Durchschnittskosten) sind in Abbildung 4.4 dargestellt.

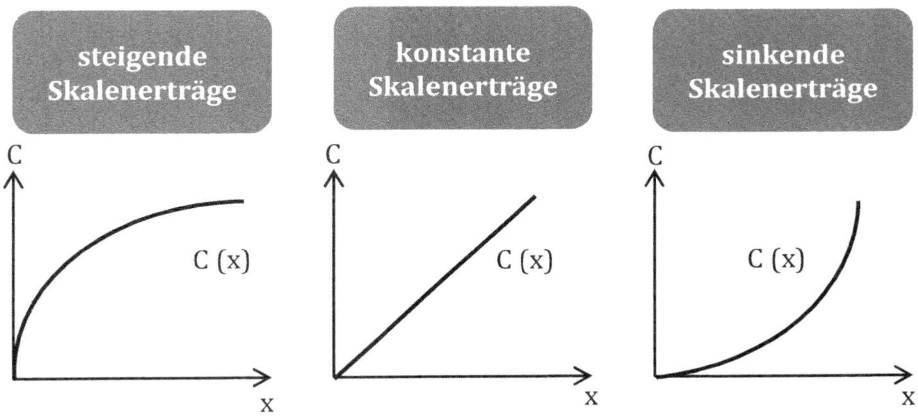

steigende Skalenerträge:
- sinkende Grenzkosten
- sinkende Durchschnitts-kosten
- Grenzkosten geringer als Durchschnitts-kosten

konstante Skalenerträge:
- konstante Grenzkosten
- konstante Durchschnitts-kosten
- Grenzkosten gleich Durchschnittskosten

sinkende Skalenerträge:
- steigende Grenzkosten
- steigende Durchschnitts-kosten
- Grenzkosten größer als Durchschnitts-kosten

Abb. 4.4: Zusammenhang zwischen Skalenerträgen, Gesamt-, Grenz- und Durchschnittskosten

Angebotsfunktion eines gewinnmaximierenden Unternehmens

Aus der Kostenfunktion lässt sich als nächstes die Angebotsfunktion konstruieren. Wird ein gewinnmaximierendes Unternehmen unterstellt, für das sämtliche Preise gegebene Größen sind, agiert das Unternehmen als Mengenanpasser. Das Unternehmen wählt die Produktionsmenge x, die den Gewinn des Unternehmens für einen vom Markt vorgegebenen Güterpreis maximiert. Dieses Verhalten entspricht dem Verhalten eines Anbieters auf einem Markt mit vollständiger Konkurrenz, das in Schritt 6 unter „Preisbildung bei vollständiger Konkurrenz" näher analysiert wird. Der Gewinn (G) ist die Differenz zwischen dem Erlös – also dem Produkt aus dem Preis pro Produkteinheit (p) und der hergestellten Menge – und den Produktionskosten. Die **Gewinnfunktion** lautet daher:

$$(4.4)\ G(x) = p \cdot x - C(x)$$

Die Bedingung erster Ordnung für ein Gewinnmaximum ergibt sich aus der Ableitung von Gleichung 4.4 nach der Produktionsmenge x, wobei diese Ableitung gleich Null sein muss.

$$(4.5)\ \frac{\partial G}{\partial x} = p - \frac{\partial C}{\partial x} = 0 \quad \Rightarrow \quad p = \frac{\partial C}{\partial x}$$

Die gewinnmaximale Menge x ist erreicht, wenn der am Markt erzielbare Preis gleich den Grenzkosten der Produktion ist. Ist der Preis höher als die Grenzkosten, lohnt sich eine Ausweitung der Produktion, weil die damit verbundenen Kosten geringer sind als der Erlös, sodass sich der Gewinn noch steigern lässt. Sind hingegen die Grenzkosten höher als der Preis, so lohnt sich eine Reduzierung der Produktion, weil die damit verbundene Kosteneinsparung größer ist als die Erlösminderung, was den Gewinn ebenfalls erhöht.

Voraussetzung für einen Gewinn ist jedoch, dass der Gesamterlös alle Kosten deckt. Es muss also gelten:

$$(4.6)\ p \cdot x \geq C(x) \quad \Rightarrow \quad p \geq \frac{C}{x}$$

Für die Angebotsfunktion eines gewinnmaximierenden Unternehmens gelten somit folgende Zusammenhänge: Das Unternehmen bietet die Produktionsmenge an, bei der die Grenzkosten der Produktion mit dem am Markt vorherrschenden Preis für eine Einheit des hergestellten Produkts übereinstimmen und bei der dieser Preis mindestens so groß ist wie die Durchschnittskosten.

Grafisch stimmt die Angebotsfunktion also mit der **Grenzkostenkurve** überein, sofern die Grenzkostenkurve über den Durchschnittskosten liegt.

Werden, so wie in Anlehnung an Abbildung 4.3, steigende Grenzkosten und ein u-förmiger Verlauf der Durchschnitts- bzw. Stückkosten angenommen, ergibt sich daraus eine zweigeteilte Angebotskurve (fette schwarze Linie, siehe Abbildung 4.5). Solange der Preis geringer ist als die minimalen Durchschnittskosten, lohnt sich ein Angebot nicht, weil nicht alle Kosten durch den Erlös gedeckt werden können. Die angebotene Menge ist daher gleich Null. Sofern der Preis über den minimalen Durchschnittskosten liegt, werden die Kosten gedeckt, sodass sich an Angebot lohnt.

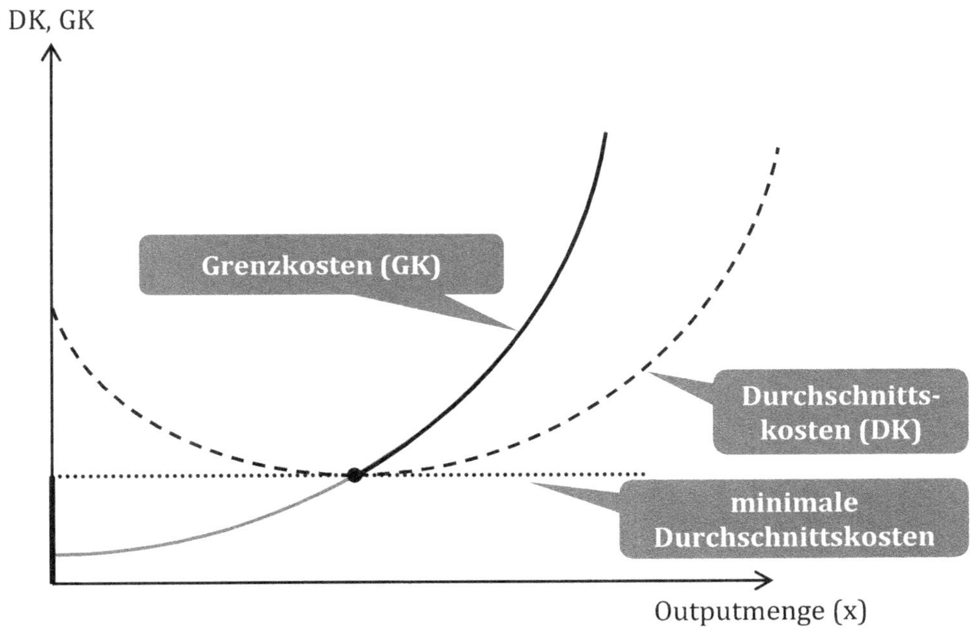

Abb. 4.5: Angebotskurve einer neoklassischen Produktionsfunktion mit fixen Kosten

Das Unternehmen bietet dann jeweils die Menge an, bei der die Grenzkosten der Produktion mit dem Marktpreis übereinstimmen.

Die Zusammenhänge zwischen den Skalenerträgen und den Grenz- sowie Durchschnittskostenkurven sind in Abbildung 4.6 dargestellt.

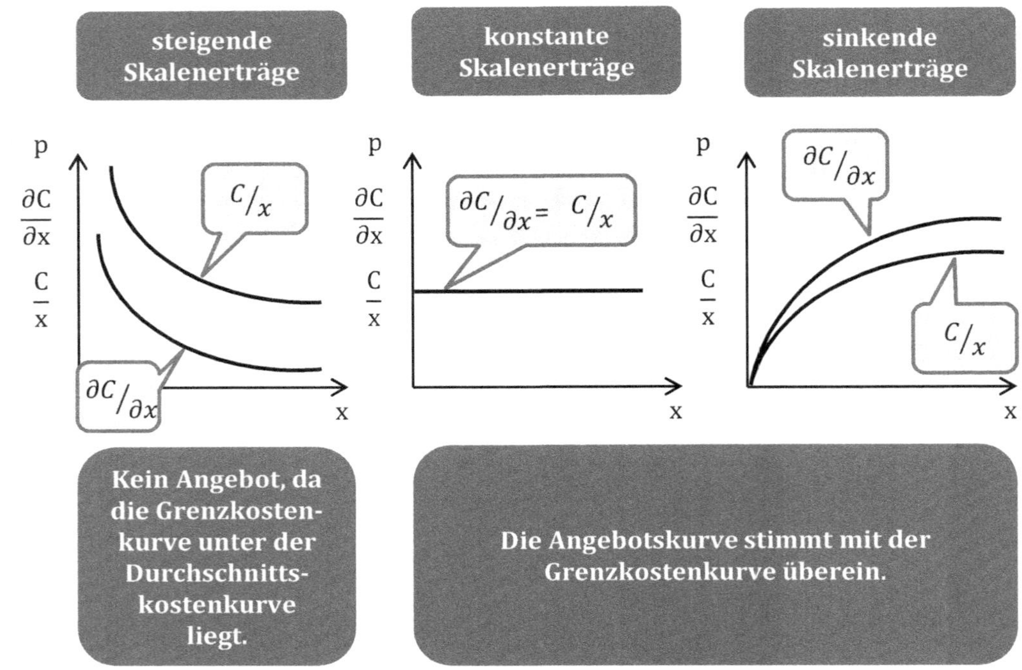

Abb. 4.6: Angebotskurven bei unterschiedlichen Skalenerträgen

Werden die einzelnen Angebotskurven der Unternehmen zusammengefasst, ergibt sich daraus die Gesamtangebotskurve auf einem Markt. Diese Kurve gibt an, welche Mengen des Gutes alle Unternehmen bei alternativen Preisen anbieten. Da die einzelnen Angebotskurven von den Grenzkosten der Produktion abhängen, gilt dies auch für die Gesamtangebotskurve.

Konsequenzen für das Marktangebot

Die bisherigen Ausführungen zum Angebotsverhalten eines Unternehmens haben gezeigt, dass die Angebotsmenge eines bestimmten Gutes von drei zentralen Einflussgrößen abhängt: dem Preis des betreffenden Gutes, den Preisen der erforderlichen Produktionsfaktoren und den zur Verfügung stehenden Produktionstechnologien. Ziel eines Anbieters ist dabei in jedem Fall die Gewinnmaximierung. Dieses Ziel wird erreicht, wenn der Anbieter die Gütermenge anbietet, bei der die Grenzkosten mit dem Grenzerlös übereinstimmen. Der Grenzkostenverlauf wird wiederum primär von der Produktionsfunktion bestimmt. Im Regelfall wird dabei von einer neoklassischen Produktionsfunktion ausgegangen. Diese zeichnet sich durch eine abnehmende Grenzproduktivität und damit durch steigende Grenzkosten aus. Im Fall von steigenden Grenzkosten wird ein Anbieter, für den der Güterpreis eine gegebene Größe ist, seine angebotene Menge ceteris paribus nur dann erhöhen, wenn der Preis für dieses Gut steigt.

Im Fall einer neoklassischen Produktionsfunktion mit positiven und steigenden Grenzkosten besteht somit ein positiver Zusammenhang zwischen dem Preis eines Gutes und der angebotenen Menge dieses Gutes. Das Angebotsverhalten eines gewinnmaximierenden Unternehmens, für das der Preis eine vom Markt vorgegebene exogene Größe ist, zeichnet sich deshalb durch folgende Zusammenhänge aus:

- Wenn der Preis eines Gutes hoch ist, ist die angebotene Menge des Gutes hoch.
- Wenn der Preis eines Gutes gering ist, ist die angebotene Menge des Gutes gering.
- Wenn der Preis eines Gutes sinkt, geht die angebotene Menge des Gutes zurück.
- Wenn der Preis eines Gutes steigt, nimmt die angebotene Menge des Gutes zu.

Aus diesem Angebotsverhalten lässt sich in einem nächsten Schritt die Angebotskurve eines Unternehmens entwickeln. Die **Angebotskurve** stellt in einem Preis-Mengen-Diagramm den Zusammenhang zwischen der angebotenen Menge eines bestimmten Gutes (x_1) und dem Preis dieses Gutes dar (p_1). Alle anderen Größen, die die Höhe der angebotenen Menge (x_1^A) bestimmen – also beispielsweise die Preise aller Produktionsfaktoren und die Produktionstechnologie – werden als konstante Größen angesehen und sind daher Lageparameter der Angebotskurve. Wenn sich der Preis des Gutes ändert, erfolgt eine Bewegung auf der Angebotskurve, d. h. es kommt zu einer **Änderung der angebotenen Menge**. Wenn sich hingegen eine andere Einflussgröße verändert, kommt es zu einer Verschiebung der Angebotskurve und damit zu einer **Änderung des Angebots**. Die in Abbildung 4.7 dargestellte Verschiebung der Angebotskurve eines Unternehmens nach rechts, also die Zunahme des Angebots von Gut 1, kann verschiedene Gründe haben. Denkbar ist unter anderem, dass

- der Lohn gesunken ist und damit die Grenzkosten der Produktion gesunken sind,
- der Zinssatz gesunken ist und mit ihm die Grenzkosten der Produktion,
- die Produktivität eines der Produktionsfaktoren oder aller Faktoren infolge eines technischen Fortschritts gestiegen ist.

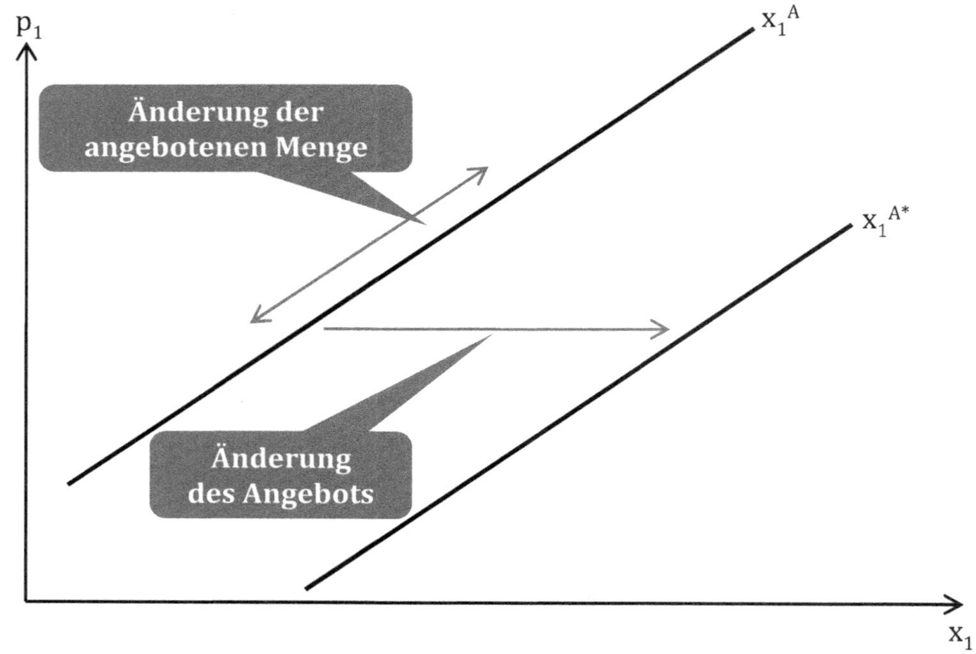

Abb. 4.7: Angebotskurve eines Unternehmens für ein Gut im Preis-Mengen-Diagramm

Die hier beschriebenen Zusammenhänge gelten nicht nur für einzelne Unternehmen, sondern auch für die Gesamtheit aller Anbieter und damit für das gesamte Güterangebot einer Volkswirtschaft. Diese Zusammenhänge zwischen der angebotenen Menge eines bestimmten Gutes und den verschiedenen Einflussgrößen können sich daher auf das Angebot eines Unternehmens beziehen oder auf das gesamte Marktangebot.

Das **Marktangebot** ist das Gesamtangebot aller Anbieter, die auf dem Markt das betreffende Gut anbieten.

Formal ist das Marktangebot die Summe aller individuellen Angebote der Unternehmen. Im Fall der vollständigen Konkurrenz bieten gewinnmaximierende Unternehmen jeweils die Gütermenge an, bei der die Grenzkosten der Produktion mit dem am Markt herrschenden Preis übereinstimmen. Wird davon ausgegangen, dass im Wettbewerb nur die Technologie bestehen kann, die die geringsten Kosten verursacht, produzieren letztlich alle Anbieter mit der gleichen Produktionstechnologie. Die Marktangebotskurve auf einem Wettbewerbsmarkt stimmt daher mit der **gesamtwirtschaftlichen Grenzkostenkurve** überein.

Lernfragen

Die Höhe der variablen Kosten ist von der produzierten Gütermenge ...

☐ unabhängig

☐ abhängig

Welche Aussagen treffen für eine linear-limitationale Produktionsfunktion in der kurzen Frist, d. h. bei der Existenz von Fixkosten, zu?

☐ Die Kurve der Grenzkosten verläuft u-förmig.

☐ Die Kurve der variablen Durchschnittskosten verläuft u-förmig.

☐ Es liegen konstante Grenzkosten vor.

Welche Aussagen treffen für eine neoklassische Produktionsfunktion in der kurzen Frist, d. h. bei der Existenz von Fixkosten, zu?

☐ Die Kurve der Grenzkosten verläuft u-förmig.

☐ Die Kurve der Grenzkosten verläuft oberhalb der Kurve der gesamten Durchschnittskosten.

☐ Die Kurve der Grenzkosten schneidet die Kurve der gesamten Durchschnittskosten im Minimum der gesamten Durchschnittskosten.

Welche Aussagen treffen für eine ertragsgesetzliche Produktionsfunktion in der kurzen Frist, d. h. bei der Existenz von Fixkosten, zu?

☐ Die Kurve der gesamten Durchschnittskosten verläuft u-förmig.

☐ Die Kurve der Grenzkosten verläuft oberhalb der Kurve der variablen Durchschnittskosten.

☐ Die Kurve der Grenzkosten verläuft oberhalb der Kurve der gesamten Durchschnittskosten.

Welche Aussagen zum Zusammenhang zwischen Skalenerträgen und Kosten treffen zu?

☐ Bei konstanten Skalenerträgen stimmen die Grenzkosten mit den Durchschnittskosten überein.

☐ Bei steigenden Skalenerträgen nimmt die Steigung der Gesamtkostenkurve zu.

☐ Bei steigenden Skalenerträgen sind die Grenzkosten größer als die Durchschnittskosten.

Die Minimalkombination zeichnet sich bei einer neoklassischen Produktionsfunktion mit zwei Faktoren dadurch aus, dass ...

☐ die Grenzproduktivitäten der beiden Faktoren identisch sind.

☐ die Durchschnittsproduktivitäten der Faktoren identisch sind.

☐ die Steigung der Isoquante übereinstimmt mit der Steigung der Isokostengerade.

Für den optimalen Produktionsplan eines Unternehmens auf einem Markt mit vollständiger Konkurrenz treffen in der langen Frist, d. h. ohne Fixkosten, folgende Aussagen zu.

☐ Die Grenzkosten sind gleich Null.

☐ Der Grenzerlös ist gleich Null.

☐ Die Grenzkosten entsprechen dem Grenzerlös.

Für die Angebotskurve eines Unternehmens auf einem Markt mit vollständiger Konkurrenz treffen folgende Aussagen zu.

☐ Bei konstanten Skalenerträgen hat die Angebotskurve eine positive Steigung.

☐ Bei sinkenden Skalenerträgen nimmt die angebotene Menge zu, wenn der Preis steigt.

☐ Bei steigenden Skalenerträgen stimmt die Angebotskurve mit der Grenzkostenkurve überein.

Prüfungstipps

Wenn du das Angebotsverhalten eines gewinnmaximierenden Unternehmens verstanden hast, kannst du vorhersehen, wie Unternehmen auf Preisänderungen des von ihnen angebotenen Gutes und auf Änderungen von Faktorpreisen reagieren. Dieses Verständnis hilft bei weiter gehenden Analysen, z. B. der Frage, warum ein Lohnanstieg in der Regel zu einer geringeren Beschäftigung – also einem Anstieg der Arbeitslosigkeit – führt.

Schritt 5:

Konsumenten- und Produzentenrente

5

Lernhinweise

Was erwartet mich in diesem Kapitel?

In diesem Kapitel stellen wir dir mit der Konsumenten- und der Produzentenrente ein grafisches Instrument vor, mit dem du die gesamtwirtschaftliche Wohlfahrt messen kannst, die mit der Produktion und Konsumtion einer bestimmten Gütermenge verbunden ist.

Welche Schlagwörter lerne ich kennen?

■ Konsumentenrente ■ marginale Zahlungsbereitschaft ■ Produzentenrente ■ Wohlfahrt ■ Wohlfahrtsmaximum ■ Wohlfahrtsverlust

Wofür benötige ich dieses Wissen?

Die Konsumenten- und die Produzentenrente sind zwei weit verbreitete Konzepte, mit denen verschiedenste Marktsituationen dahin gehend untersucht werden können, ob diese Situationen die für die Gesellschaft maximal mögliche Wohlfahrt implizieren, oder ob durch staatliche Eingriffe eine Wohlfahrtssteigerung erreicht werden kann. Mit Hilfe der Konsumenten- und der Produzentenrente lassen sich z. B. die Wohlfahrtsverluste messen, die im Falle eines Marktversagens auftreten (siehe Schritt 7), sowie die Wohlfahrtseffekte, die mit staatlichen Eingriffen in die Marktprozesse verbunden sind (siehe Schritt 8).

Konsumenten ziehen einen Nutzen aus dem Konsum von Gütern, und Produzenten erzielen einen Gewinn bzw. ein Faktoreinkommen, wenn sie Güter herstellen. Neben dieser individuellen Sichtweise stellt sich aber auch die Frage, ob Produktions- und Konsumaktivitäten für die gesamte Volkswirtschaft vorteilhaft sind. Ausgangspunkt der Suche nach einem solchen gesamtwirtschaftlichen Maß sind die Konsumenten- und die Produzentenrente.

Die Konsumentenrente

Die Konsumentenrente ist Maß für die Vorteile, die ein Haushalt daraus zieht, dass er eine bestimmte Menge eines Gutes kauft und konsumiert.

Zentral für die Messung der Konsumentenrente ist die maximale oder **marginale Zahlungsbereitschaft** eines Haushalts. Sie gibt an, wie viele Geldeinheiten der Haushalt maximal zu zahlen bereit ist, um eine zusätzliche Einheit eines Gutes zu erwerben. Die marginale Zahlungsbereitschaft spiegelt dabei den in Geldeinheiten gemessenen Nutzen wider, den der Haushalt der entsprechenden Gütereinheit zuordnet. Die Konsumentenrente resultiert daraus, dass die marginale Zahlungsbereitschaft eines Konsumenten für ein Gut bis zu einer bestimmten Gütermenge größer ist als der Preis, der für jede einzelne Gütereinheit zu zahlen ist. Das Prinzip der Konsumentenrente kann mit folgendem Beispiel verdeutlicht werden (siehe Abbildung 5.1):

	marginale Zahlungsbereitschaft in Euro	**Preis einer Mengeneinheit in Euro**	**Vorteil aus dem Konsum der jeweiligen Mengeneinheit, gemessen in Euro**
1. Mengeneinheit	8, –	4,–	4,–
2. Mengeneinheit	7,–	4,–	3,–
3. Mengeneinheit	6,–	4,–	2,–
4. Mengeneinheit	5,–	4,–	1,–
5. Mengeneinheit	4,–	4,–	0,–
6. Mengeneinheit	3,–	4,–	kein Kauf
			Summe = 10,–

Abb. 5.1: Marginale Zahlungsbereitschaft und Konsumentenrente

Bei dieser marginalen Zahlungsbereitschaft lohnt sich für einen nutzenmaximierenden Konsumenten der Kauf der ersten vier Mengeneinheiten, weil die Zahlungsbereitschaft stets größer ist als der tatsächlich zu zahlende Preis. Bei der fünften Mengeneinheit ist der Konsument indifferent. Im Regelfall wird davon ausgegangen, dass im Fall einer solchen Indifferenz die fünfte Mengeneinheit auch noch konsumiert wird. Der in Geldeinheiten ausgedrückte ‚Gewinn', den der Konsument daraus zieht, dass er für jede der ersten vier Mengeneinheiten weniger zahlen muss, als er maximal bereit wäre, beträgt 10 Euro. Diese 10 Euro werden als Konsumentenrente bezeichnet. In einem Preis-Mengen-Diagramm ist die Konsumentenrente die Fläche zwischen der Nachfragekurve des Haushalts und dem am Markt zu zahlenden Preis. Die Konsumentenrente kann auch für die gesamte Volkswirtschaft angegeben werden. In diesem Fall ist die Konsumentenrente die Fläche zwischen der Marktnachfragekurve und dem am Markt herrschenden Gleichgewichtspreis (siehe Abbildung 5.2).

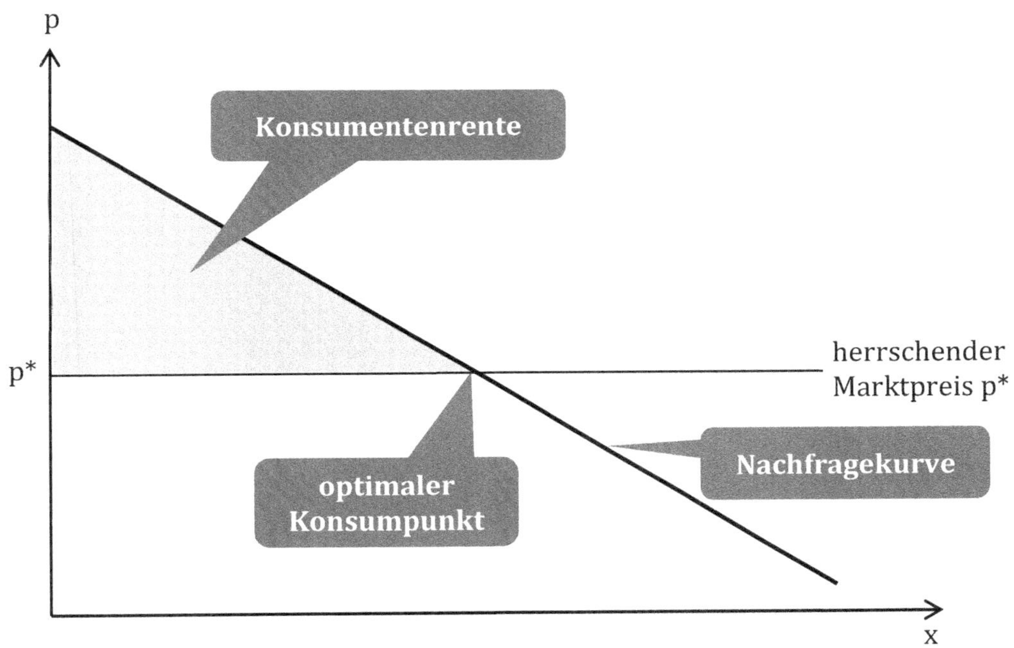

Abb. 5.2: Konsumentenrente eines Haushalts bzw. aller Konsumenten

Die Produzentenrente

Die Produzentenrente ist Maß für die Vorteile, die ein Unternehmen daraus zieht, dass es eine bestimmte Menge eines Gutes produziert und anschließend auf dem Markt verkauft.

Die Produzentenrente resultiert aus der Differenz zwischen dem Preis, den ein Anbieter am Markt für eine Gütereinheit erzielen kann, und dem Preis, zu dem er bereit wäre, diese Gütereinheit zu verkaufen. Dabei wird davon ausgegangen, dass die Produktion eines Gutes mit steigenden Grenzkosten verbunden ist. Der am Markt zu erzielende Preis ist für ein Unternehmen eine gegebene und damit auch konstante Größe. Das Prinzip der Produzentenrente kann mit folgendem Beispiel verdeutlicht werden (siehe Abbildung 5.3):

	Grenzkosten in Euro	**Preis einer Mengeneinheit in Euro**	**Vorteil aus dem Verkauf der jeweiligen Mengeneinheit, gemessen in Euro**
1. Mengeneinheit	3,–	7,–	4,–
2. Mengeneinheit	4,–	7,–	3,–
3. Mengeneinheit	5,–	7,–	2,–
4. Mengeneinheit	6,–	7,–	1,–
5. Mengeneinheit	7,–	7,–	0,–
6. Mengeneinheit	8,–	7,–	kein Verkauf
			Summe = 10,–

Abb. 5.3: Grenzkosten und Produzentenrente

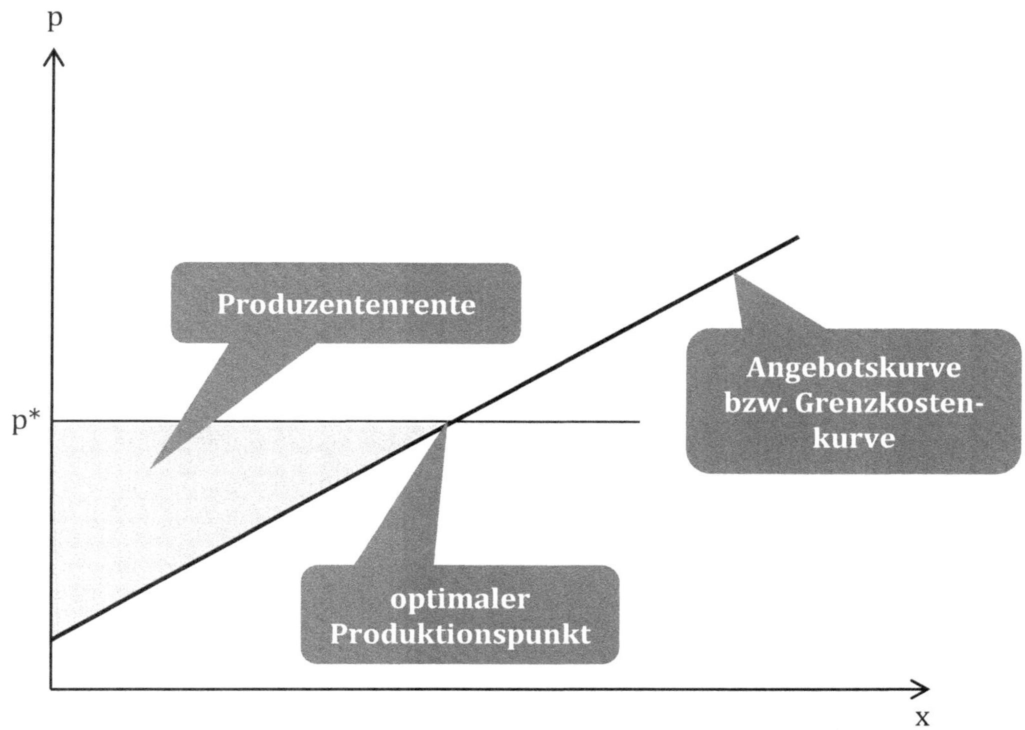

Abb. 5.4: Produzentenrente eines Unternehmens bzw. aller Unternehmen

Bei diesen Grenzkosten lohnt sich für einen gewinnmaximierenden Anbieter die Produktion bzw. der Verkauf der ersten vier Mengeneinheiten, weil die Grenzkosten stets geringer sind als der zu erzielende Preis. Bei der fünften Mengeneinheit ist der Anbieter indifferent. Im Regelfall wird davon ausgegangen, dass im Fall einer solchen Indifferenz die fünfte Mengeneinheit auch noch produziert wird. Der in Geldeinheiten ausgedrückte Gewinn, den der Anbieter daraus zieht, dass er für die Produktion jeder der ersten vier Mengeneinheiten weniger zahlen muss, als er dafür am Markt erzielen kann, beträgt 10 Euro. Diese 10 Euro werden als Produzentenrente bezeichnet. In einem Preis-Mengen-Diagramm ist die Produzentenrente die Fläche zwischen der Angebotskurve des Anbieters und dem am Markt zu erzielenden Preis. Die Produzentenrente kann auch für die gesamte Volkswirtschaft angegeben werden. In diesem Fall ist die Produzentenrente die Fläche zwischen der Marktangebotskurve und dem am Markt herrschenden Gleichgewichtspreis (siehe Abbildung 5.4).

Konsumenten- und Produzentenrente: Maß der Wohlfahrt

Die **Wohlfahrt** ist ein abstraktes Konstrukt, das den ökonomischen Wohlstand der Gesamtheit aller Mitglieder einer Volkswirtschaft misst. Der Wohlstand wird als Indikator für die Vorteilhaftigkeit der Produktions- und Konsumaktivitäten herangezogen. Der Wohlfahrtsökonomik ist es bisher jedoch nicht gelungen, ein eindeutiges und allgemein verwendetes Maß für die Wohlfahrt zu entwickeln. Ein Instrument zur Messung der Wohlfahrt besteht aus der Summe der Konsumenten- und der Produzentenrente. Diese Summe gibt an, wie hoch die in Geldeinheiten ausgedrückte Vorteilhaftigkeit für die Gesellschaft als Ganzes – also die Konsumenten und die Produzenten – ist, die sich daraus ergibt, dass eine bestimmte Menge eines Gutes von den Unternehmen produziert und anschließend von den Haushalten konsumiert wird.

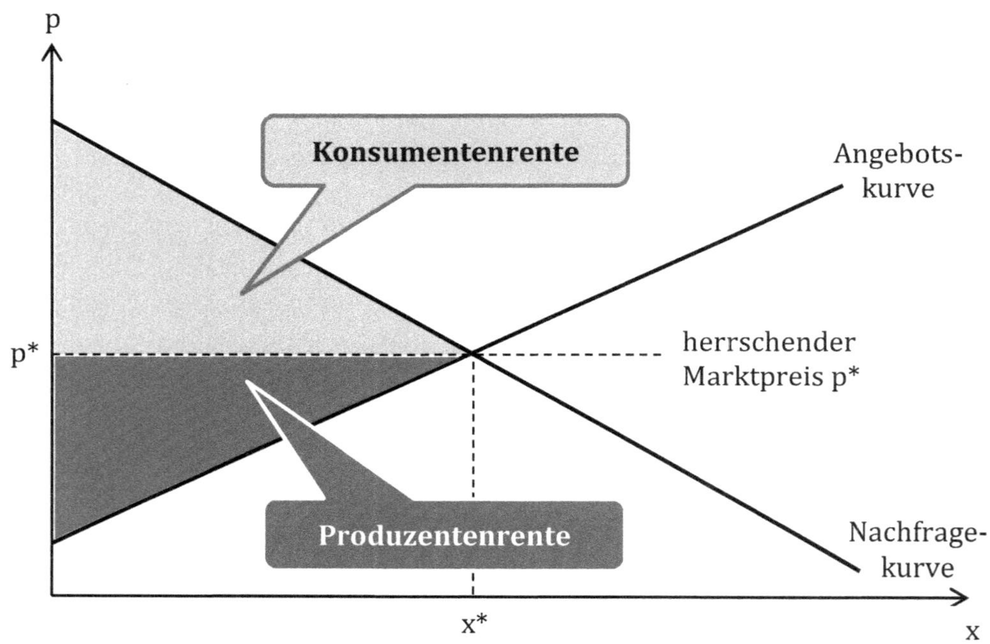

Abb. 5.5: Wohlfahrtsmaximum als Summe aus Konsumentenrente und Produzentenrente

Wenn als Maß für die Wohlfahrt die **Summe** der **Konsumenten**- und der **Produzentenrente** verwendet wird, wird diese Summe maximiert, wenn genau die Menge produziert und konsumiert wird, die sich durch den Schnittpunkt der Marktangebotskurve und der Marktnachfragekurve ergibt (siehe Abbildung 5.5). Mit diesem Schnittpunkt erreicht eine Volkswirtschaft ihr **Wohlfahrtsmaximum**. Jede Abweichung hiervon ist mit einem Wohlfahrtsverlust verbunden, der dazu führt, dass die Volkswirtschaft das Wohlfahrtsmaximum nicht realisiert.

Dass jede Abweichung von diesem Schnittpunkt mit einer geringeren Wohlfahrt verbunden ist, lässt sich zeigen, wenn die Summe aus Konsumenten- und Produzentenrente untersucht wird, die sich ergibt, wenn das produzierte und konsumierte Gütervolumen kleiner oder größer ist als die Menge x* in der Abbildung 5.5.

Deutlich erkennbar ist der **Wohlfahrtsverlust** im Fall eines zu geringen Gütervolumens ($x_0 < x^*$). Dieser Fall ist in Abbildung 5.6 dargestellt. Die gesamtgesellschaftliche Wohlfahrt ist die Summe aus Produzenten- und Konsumentenrente und daher die Fläche zwischen der Nachfrage- und der Angebotskurve. Im Fall der vollständigen Konkurrenz mit dem Gütervolumen x* entspricht die so gemessene Wohlfahrt der Fläche dbe. Bei einem geringeren Gütervolumen x_0 entspricht die Wohlfahrt nur noch der kleineren Fläche dace. Der Unterschied entspricht der Fläche abc, sodass sich der Wohlfahrtsverlust durch dieses Dreieck ausdrücken lässt.

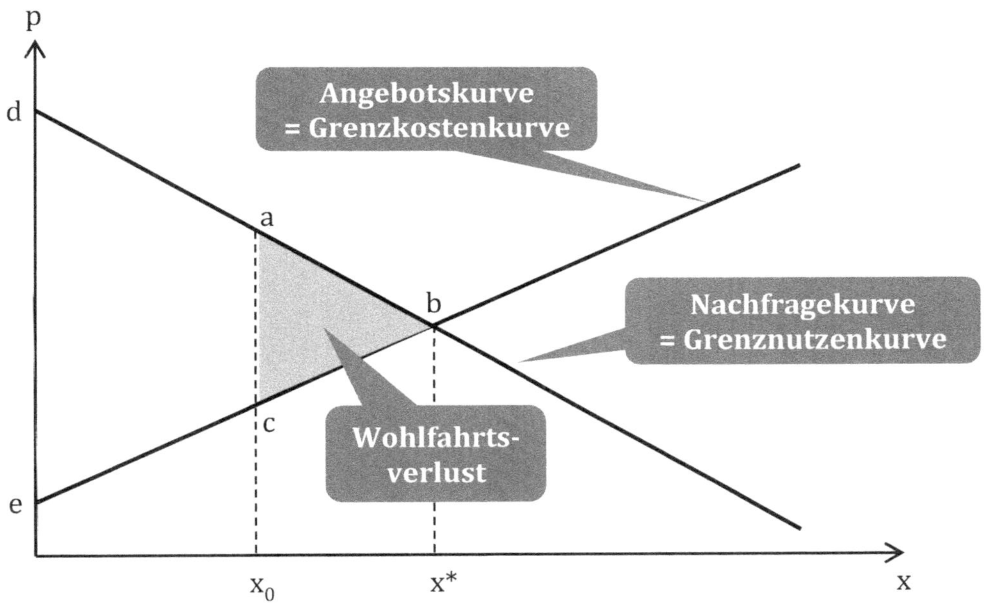

Abb. 5.6: Wohlfahrtsverlust bei einem zu geringen Gütervolumen

Ökonomisch lässt sich dieser Wohlfahrtsverlust wie folgt erklären: Ausgehend von der Menge x_0 wäre eine Ausweitung der Produktion – und damit auch des Konsums – für die Gesellschaft als Ganzes ökonomisch sinnvoll. Die Erhöhung des Konsums führt zu einer besseren Bedürfnisbefriedigung der privaten Haushalte. Wird von der Nichtsättigungsannahme ausgegangen, so stiftet der Konsum von mehr Gütereinheiten einen größeren Nutzen. Der Nutzenzuwachs, der sich aus der Erhöhung des Konsums bis zur Menge x* ergibt, lässt sich mit Hilfe der Nachfragekurve messen. Da die Nachfrage der marginalen bzw. maximalen

Zahlungsbereitschaft der Konsumenten entspricht und diese Zahlungsbereitschaft wiederum dem Grenznutzen, kann die Nachfragekurve auch als Grenznutzenkurve angesehen werden. Der Gesamtnutzen, der sich aus dem Konsum einer bestimmten Gütermenge ergibt, ist dann die Fläche unter der Nachfragekurve. Der mit der Ausweitung des Konsums von x_0 auf x* verbundene Nutzenzuwachs aller Konsumenten entspricht folglich der Fläche $x_0$abx*.

Dieser Nutzenerhöhung stehen höhere gesamtwirtschaftliche Kosten der Produktion gegenüber. Diese lassen sich mit Hilfe der Angebotskurve messen. Da gewinnmaximierende Unternehmen auf einem Markt mit vielen anderen Anbietern stets die Gütermenge anbieten, bei der die Grenzkosten der Produktion mit dem am Markt erzielbaren Preis übereinstimmen, ist die Angebotskurve identisch mit der Grenzkostenkurve. Die Gesamtkosten, der sich aus der Produktion einer bestimmten Gütermenge ergeben, sind dann die Fläche unter der Angebots- bzw. Grenzkostenkurve. Der mit der Ausweitung der Produktion von x_0 auf x* verbundene Kostenzuwachs aller Anbieter entspricht folglich der Fläche $x_0$cbx*. Der Vergleich dieses Kostenzuwachses mit dem Nutzenzuwachs verdeutlicht, dass eine Erhöhung von Produktion und Konsum des Gutes, das auf dem hier betrachteten Markt gehandelt wird, per Saldo eine Wohlfahrtserhöhung bedeutet:

Nutzenzuwachs der Konsumenten:	+	$x_0$abx*
abzüglich der höheren Produktionskosten:	-	$x_0$cbx*
Saldo:	+	abc

Auch im Fall eines zu großen Gütervolumens ($x_1 < x^*$) kommt es zu einem Wohlfahrtsverlust, der in Abbildung 5.7 dargestellt ist. In Analogie zu den vorangegangenen Ausführungen lässt sich der Wohlfahrtsverlust wiederum wie folgt berechnen:

Nutzenzuwachs der Konsumenten:	+	x*bcx_1
abzüglich der höheren Produktionskosten:	-	x*bax_1
Saldo:	-	abc

Die Ausweitung der Produktion des Gutes über die Menge x* hinaus ist also aus Sicht der Volkswirtschaft nicht sinnvoll, weil die in Geldeinheiten gemessenen Kosten der Produktionsausweitung größer sind als der in Geldeinheiten gemessene Vorteil der Konsumenten aus dem Konsum dieser Gütermenge.

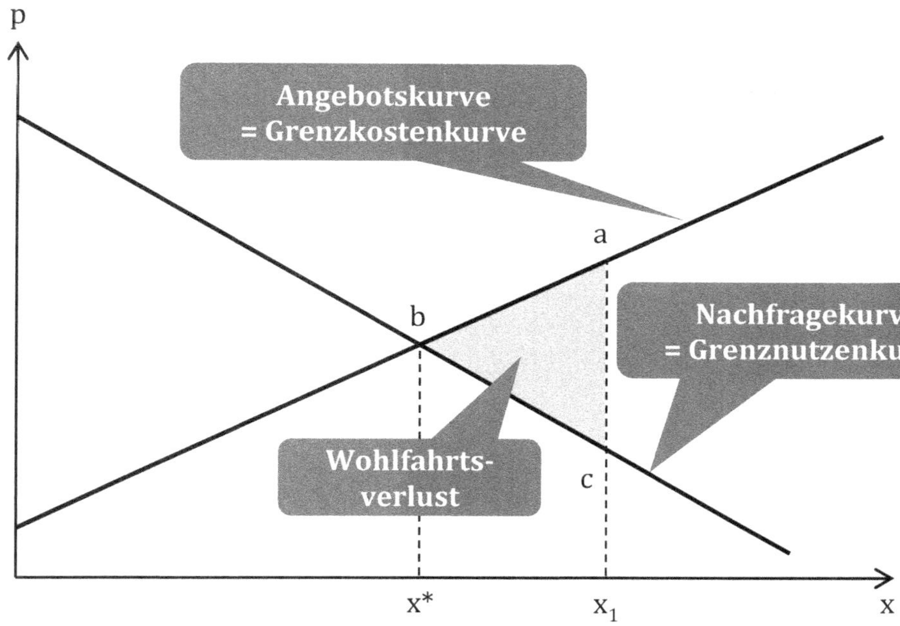

Abb. 5.7: Wohlfahrtsverlust bei einem zu großen Gütervolumen

Konsequenzen für die Markt- und Preistheorie

Im Ergebnis kann somit folgende Aussage getroffen werden: Wenn als Maß für die gesellschaftliche Wohlfahrt die Summe der Konsumenten- und der Produzentenrente verwendet wird, erreicht eine Volkswirtschaft ihr **Wohlfahrtsmaximum**, wenn die Gütermenge produziert und konsumiert wird, die durch den Schnittpunkt der Marktangebotskurve und der Marktnachfragekurve determiniert wird. Im nächsten Kapitel wird sich zeigen, dass sich diese Situation einstellt, wenn es sich bei dem betreffenden Markt um einen Markt mit vollständiger Konkurrenz handelt. Jede Abweichung von diesem Referenzpunkt ist mit einem Wohlfahrtsverlust verbunden. Der Wohlfahrtsverlust ist dabei definiert als die Verringerung der Summe aus Konsumenten- und Produzentenrente, die sich ergibt, wenn sich am Markt nicht das Resultat einstellt, das sich im Fall der vollständigen Konkurrenz ergeben würde. Ursachen für derartige Wohlfahrtsverluste sind unter anderem Monopole, Eingriffe in die freie Preisbildung (Mindest- oder Höchstpreise), Steuern und Zölle.

Lernfragen

Die Konsumentenrente ist ein Maß für die Vorteile, die ...

☐ ein Haushalt daraus zieht, dass er eine bestimmte Menge eines Gutes konsumiert.

☐ die Gesellschaft daraus zieht, dass eine bestimmte Menge eines Gutes produziert und konsumiert wird.

Die Summe aus Konsumenten- und Produzentenrente ist ein Maß für ...

☐ den Nettonutzen, den die Gesellschaft aus dem Konsum einer bestimmten Gütermenge zieht.

☐ die gesamtgesellschaftliche Wohlfahrt.

Welche Informationen benötigen Sie zur Berechnung der Konsumentenrente?

☐ Die marginale Zahlungsbereitschaft der Käufer.

☐ Die Höhe der Grenzkosten.

☐ Die Differenz zwischen Grenzkosten und Grenznutzen.

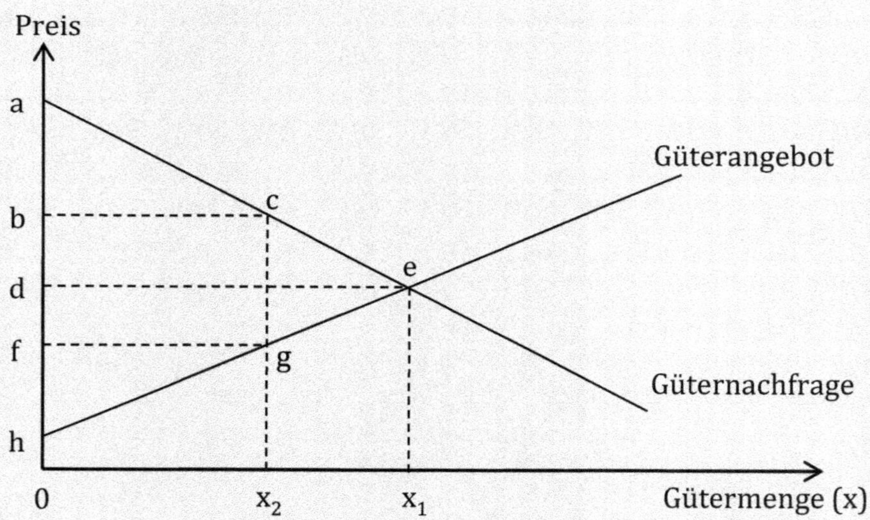

In der Abbildung oben entspricht die Konsumentenrente, die mit der Produktion und Konsumtion der Gütermenge x_1 verbunden ist, folgender Fläche:

☐ a b c

☐ a d e

☐ d e h

In Abbildung entspricht die gesamtgesellschaftliche Wohlfahrt, die mit der Produktion und Konsumtion der Gütermenge x_1 verbunden ist, folgender Fläche:

☐ a e x_1 0

☐ b c e g f

☐ a e h

In Abbildung entspricht die Produzentenrente, die mit der Produktion und Konsumtion der Gütermenge x_2 verbunden ist, folgender Fläche:

☐ f g h

☐ h g x_2 0

☐ b c g h

In Abbildung entspricht die gesamtgesellschaftliche Wohlfahrt, die mit der Produktion und Konsumtion der Gütermenge x_2 verbunden ist, folgender Fläche:

☐ a c g h

☐ a c x_2 0

☐ b c g f

In Abbildung entspricht der gesamtgesellschaftliche Wohlfahrtsverlust, der mit der Produktion und Konsumtion der Gütermenge x_2 verbunden ist, folgender Fläche:

☐ c e x_1 x_2

☐ c e g

☐ g e x_1 x_2

Prüfungstipp

Die Messung der gesellschaftlichen Wohlfahrt ist eine der Kernaufgaben der Volkswirtschaftslehre. Wirtschaftspolitische Empfehlungen basieren letztendlich darauf, dass mit den vorgeschlagenen Maßnahmen die gesellschaftliche Wohlfahrt erhöht werden kann. Um diese Wohlfahrtssteigerung nachweisen zu können, sind entsprechende Maße der Wohlfahrtsmessung erforderlich. Die Konsumenten- und die Produzentenrente sind solch ein Maß, das in allen Teildisziplinen der Volkswirtschaftslehre eingesetzt wird.

Schritt 6:
Preisbildung auf Märkten

Lernhinweise

Was erwartet mich in diesem Kapitel?

Durch das Zusammenspiel aus Nachfrage und Angebot ergibt sich ein Marktgleichgewicht. Es findet sich ein Preis, bei dem die nachgefragte Menge mit der angebotenen Menge übereinstimmt. In diesem Kapitel wird gezeigt, wie es auf Märkten zu einem solchen Gleichgewicht kommt.

Welche Schlagwörter lerne ich kennen?

■ Marktgleichgewicht ■ Gleichgewichtspreis ■ Gleichgewichtsmenge ■ Marktangebot ■ Marktnachfrage ■ Offenheit des Marktes ■ Marktzutrittsschranke ■ vollkommener Markt ■ unvollkommener Markt ■ Markttransparenz ■ Gesetz von der Unterschiedslosigkeit des Preises ■ Mengenanpasser ■ Preissetzer ■ Preisnehmer ■ Markt unter vollständiger Konkurrenz ■ Monopol ■ Oligopol ■ Angebotsüberschuss ■ Nachfrageüberhang ■ Erlösfunktion ■ Grenzerlösfunktion ■ Cournot'scher Punkt ■ Allokationsfunktion des Preises ■ Anreizfunktion des Preises ■ Informationsfunktion des Preises ■ Koordinierungsfunktion des Preises ■ Markträumungsfunktion des Preises

Wofür benötige ich dieses Wissen?

Märkte sind das zentrale Instrument zur Koordination der Nachfragepläne von Konsumenten und der Angebotspläne von Unternehmen. Um die ökonomischen Geschehen einer Marktwirtschaft zu verstehen ist es notwendig, die Funktionsweise von Märkten zu kennen.

In den bisherigen Schritten sind die Bestimmungsgründe für die Marktnachfrage und das Marktangebot beschrieben worden. Durch das Zusammenspiel aus Nachfrage und Angebot ergibt sich ein Marktgleichgewicht.

Ein Marktgleichgewicht liegt vor, wenn die angebotene Menge und die nachgefragte Menge übereinstimmen. Jeder Nachfrager kann zum herrschenden Preis die Menge an Gütern kaufen, die er möchte. Jeder Anbieter kann zum herrschenden Preis die Menge an Gütern verkaufen, die er möchte. Dieser Preis wird Gleichgewichtspreis genannt, die dazugehörende Gütermenge ist die Gleichgewichtsmenge. Da alle Nachfrager und Anbieter ihre Pläne verwirklichen können, gibt es für keinen der Marktteilnehmer einen Anreiz, sein Verhalten zu ändern. Der Markt befindet sich so gesehen in einer Ruhelage.

Bevor die Preisbildung auf verschiedenen Märkten analysiert wird, ist zunächst einmal eine Beschreibung des Marktes und der verschiedenen Marktformen erforderlich.

Markt und Marktformen

Der Markt ist der Ort, an dem sich Angebot und Nachfrage eines Gutes treffen. Das Angebot bezeichnet dabei die Bereitschaft eines wirtschaftlichen Akteurs, eine bestimmte Menge eines Gutes zu einem bestimmten Preis zu verkaufen. Im Normalfall nimmt die Bereitschaft, Mengeneinheiten des Gutes zu verkaufen, mit steigendem Preis zu. In einem Preis-Mengen-Diagramm hat die Angebotskurve daher einen steigenden Verlauf. Die Nachfrage bezeichnet die Bereitschaft eines wirtschaftlichen Akteurs, eine bestimmte Menge eines Gutes zu einem bestimmten Preis zu kaufen. Im Normalfall nimmt die Bereitschaft, Mengeneinheiten eines Gutes zu kaufen, mit steigendem Preis ab. In einem Preis-Mengen-Diagramm hat die Nachfragekurve daher einen fallenden Verlauf.

Das **Marktangebot** ist das Gesamtangebot aller Anbieter, die auf dem Markt das betreffende Gut anbieten. Formal ist das Marktangebot die Summe aller individuellen Angebote der Unternehmen. Wenn der Preis für einen Anbieter eines Gutes eine gegebene und konstante Größe ist, die dieser Anbieter durch sein eigenes Verhalten nicht verändern kann, so bietet ein gewinnmaximierendes Unternehmen jeweils die Gütermenge an, bei der die Grenzkosten der Produktion mit dem am Markt herrschenden Preis übereinstimmen. Wird davon ausgegangen, dass im Wettbewerb nur die Technologie bestehen kann, die die geringsten Kosten verursacht, produzieren letztlich alle Anbieter mit der gleichen Produktionstechnologie. Die Marktangebotskurve auf einem Markt unter vollständiger Konkurrenz stimmt daher mit der gesamtwirtschaftlichen Grenzkostenkurve überein.

Die **Marktnachfrage** ist die Gesamtnachfrage aller Haushalte, die auf dem Markt das betreffende Gut kaufen wollen. Formal ist die Marktnachfrage die Summe aller individuellen Nachfragen der Haushalte. In einem Preis-Mengen-Diagramm entspricht die Nachfragekurve des Haushalts der marginalen Zahlungsbereitschaft des Haushalts, d. h. ein Haushalt fragt zu jedem Preis die Menge des Gutes nach, bei der der Grenznutzen des Gutes dem Preis entspricht. Die Marktnachfragekurve entspricht daher auch der gesamtwirtschaftlichen Grenznutzenkurve des Gutes. Im Fall der Nachfrage nach Produktionsfaktoren, also vor allem nach Arbeit und nach Kapital, entspricht die Marktnachfragekurve der Wertgrenzproduktkurve dieses Produktionsfaktors.

Die Untersuchung von Marktprozessen erfordert eine Abgrenzung des Marktes, der analysiert werden soll. Es bieten sich vor allem drei Kriterien zur **Marktabgrenzung** an:

- **Sachliche Marktabgrenzung:** Hierbei geht es um technisch-physische Eigenschaften des Gutes, also beispielsweise darum, ob einzelne Konsumgüter (Brot, Zucker, Bücher, Schuhe), Produktionsfaktoren (Arbeit, Boden, Kapital) oder Devisen gehandelt werden. Neben den technisch-physischen Eigenschaften spielt aber auch die Bewertung der Güter durch die Konsumenten eine Rolle. Wenn die Konsumenten z. B. nicht alle Schuhe als gleichwertig ansehen (Sportschuhe, Stiefel, Sandalen etc.), gibt es verschiedene Schuhmärkte, die sich gegebenenfalls sogar noch in Märkte für einzelne Marken aufspalten.
- **Zeitliche Marktabgrenzung:** Hierbei geht es zum Beispiel um die Frage, ob der Abschluss und die Erfüllung des Geschäfts zum gleichen – d. h. dem heutigen – Zeitpunkt stattfinden (Kassamarkt), oder ob der Abschluss des Geschäfts zwar in der Gegenwart erfolgt, die Erfüllung – d. h. die Lieferung der vertraglich festgelegten Güter – aber erst in der Zukunft erfolgt (Terminmarkt).
- **Räumliche Marktabgrenzung:** Hierbei geht es um die Frage, wie groß der Markt ist, d. h. welche räumlichen Dimensionen der Handel des betreffenden Gutes abdeckt. Es ist ein Kontinuum möglich, das zwischen zwei Extremen liegt: der ganzen Welt (globaler Markt) oder nur einem ganz bestimmten Punkt (Punktmarkt). Dazwischen sind zahlreiche Abstufungen denkbar, beispielsweise viele – aber eben nicht alle – Länder (internationaler Markt), nur das eigene Land (nationaler Markt) oder nur Teile des eigenen Landes (regionaler oder lokaler Markt).

Ein weiteres Kriterium von Märkten betrifft die **Offenheit** des Marktes. Ein Markt ist offen, wenn allen natürlichen und juristischen Personen ein freier Markteintritt möglich ist. Wenn hingegen Markteintrittshemmnisse vorliegen, die dafür sorgen, dass nicht allen natürlichen und juristischen Personen ein freier Markteintritt möglich ist, so ist der entsprechende Markt geschlossen. Marktzutrittsschranken können ökonomischer oder politischer Natur sein. Ökonomische Marktzutrittsschranken liegen beispielsweise vor, wenn ein potenzieller Anbieter nicht über das erforderliche Wissen hinsichtlich der Produktionstechnik verfügt oder wenn der Aufbau des Produktionsapparates einen zu hohen Kapitalbedarf erfordert. Politische Marktzutrittsschranken liegen vor, wenn der Staat durch Auflagen oder Genehmigungsverfahren den Eintritt in den Markt beschränkt. Beispiele hierfür sind die Einräumung eines Monopols oder das Ablegen von Prüfungen als Voraussetzung für die Berufsausübung.

> Ein vollkommener Markt liegt vor, wenn das auf diesem Markt gehandelte Gut homogen ist und wenn zudem Markttransparenz vorliegt.

Auf einem vollkommenen Markt gilt das **Gesetz von der Unterschiedslosigkeit der Preise**. Dieses Gesetz besagt, dass es zu jedem Zeitpunkt nur einen Preis für das auf dem vollkommenen Markt gehandelte Gut gibt. Würde es auf einem vollkommenen Markt für das dort gehandelte homogene Gut zwei Preise geben, so würde es zu Arbitragegeschäften kommen. Diese Geschäfte hätten folgendes Aussehen: In dem Marktsegment mit dem geringen Preis kann das Gut gekauft werden, um dann mit einem Gewinn in dem Marktsegment mit dem höheren Preis verkauft zu werden. Durch die höhere Nachfrage des Gutes in dem Marktsegment mit dem geringen Preis steigt dort der Preis. Durch das höhere Angebot des Gutes in dem Marktsegment mit dem höheren Preis sinkt dort der Preis. Dieses Vorgehen ist so lange lohnend, bis die Preise in beiden Marktsegmenten gleich hoch sind und das Gesetz von der Unterschiedslosigkeit des Preises wieder gilt.

In der Realität gibt es kaum vollkommene Märkte. Finanzmärkte, also z. B. der Aktienmarkt oder der Devisenmarkt, kommen diesem Ideal am nächsten. Ein **unvollkommener Markt** liegt hingegen vor, wenn mindestens eines der beiden Kriterien eines vollkommenen Marktes – also das Kriterium des homogenen Gutes und die Markttransparenz – nicht erfüllt ist. Auf einem unvollkommenen Markt gilt das Gesetz von der Unterschiedslosigkeit der Preise nicht, d. h. auf einem unvollkommenen Markt kann es für das dort gehandelte Gut unterschiedliche Preise geben.

Eine weitere Möglichkeit zur Beschreibung von Märkten bzw. Marktformen ergibt sich, wenn die Zahl der Anbieter und Nachfrager, die auf dem Markt auftreten, zur Definition von Märkten herangezogen wird. Die wichtigsten Marktformen, die sich daraus ergeben, sind Abbildung 6.1 zu entnehmen.

		Anzahl der Anbieter		
		einer	**wenige**	**viele**
Anzahl der Nachfrager	**einer**	bilaterales Monopol	beschränktes Monopson	Monopson
	wenige	beschränktes Monopol	bilaterales Oligopol	Oligopson
	viele	Monopol	Oligopol	Polypol

Abb. 6.1: Übersicht über die wichtigsten Marktformen

Die verschiedenen Konstellationen bezüglich der Anzahl von Anbietern und Nachfragern entscheiden darüber, ob die Marktakteure als Mengenanpasser oder Preissetzer agieren können:

- Anbieter und Nachfrager verhalten sich als **Mengenanpasser**, wenn sie bei ihren Entscheidungen die Preise aller Güter als gegeben und konstant ansehen. Die Entscheidung eines einzelnen Anbieters oder Nachfragers führt daher nicht zu einer Preisänderung. Für einen Mengenanpasser ist die Menge der einzige Aktionsparameter. Ein Mengenanpasser passt die von ihm angebotenen oder nachgefragten Mengen so an die herrschenden Preise an, dass er unter den für ihn geltenden Restriktionen als Anbieter seinen Gewinn bzw. als Nachfrager seinen Nutzen maximiert. In einem Polypol beispielsweise sind sowohl die Anbieter als auch die Nachfrager Mengenanpasser und zudem Preisnehmer.
- Ein **Preisnehmer** ist ein Anbieter oder Nachfrager, der den am Markt herrschenden Preis als eine gegebene Größe ansieht, die er durch sein eigenes Verhalten nicht ändern kann. Ein Preisnehmer passt sein Verhalten an den vorgegebenen Preis an, um als Anbieter seinen Gewinn bzw. als Nachfrager seinen Nutzen zu maximieren. Ein Preisnehmer verhält sich daher als Mengenanpasser. Die Anbieter und Nachfrager auf einem Markt unter vollständiger Konkurrenz sind alle Preisnehmer. Monopolisten, Oligopolisten, Monopsone und Oligopsone hingegen sind keine Preisnehmer, sondern Preissetzer.
- Ein Anbieter auf einem Markt mit vielen Anbietern kann für seine Produkte nur den Preis fordern, der auf dem Markt herrscht. Er muss als Preisnehmer agieren, weil jede noch so geringe Preiserhöhung dazu führt, dass sämtliche

Kunden auf die Angebote der Konkurrenz ausweichen. Der Absatz des Anbieters, der einen höheren als den Marktpreis fordert, würde auf Null reduziert werden. Die Preis-Absatz-Kurve eines Preisnehmers verläuft in einem Preis-Mengen-Diagramm folglich waagerecht. Es gibt allerdings auch Anbieter, deren Preis-Absatz-Kurve nicht waagerecht verläuft. Dabei handelt es sich um Anbieter, die gar keine oder nur wenig Konkurrenten haben. Wenn diese Anbieter den Preis ihres Produkts erhöhen, verringert dies zwar in der Regel die nachgefragte Menge, aber der Absatz wird nicht auf Null reduziert. Diese Anbieter wählen daher die Kombination aus Preis und abzusetzender Menge, die ihren Gewinn maximiert. Sie bestimmen also den Preis, zu dem sie ihr Angebot auf den Markt bringen, und agieren daher als Preissetzer. Anders als für einen Preisnehmer ist der Preis daher für einen **Preissetzer** ein Aktionsparameter, der verändert werden kann.

Unabhängig von der Marktform gibt es jedoch drei grundsätzliche Überlegungen, die für alle Marktformen gelten:

- Bezüglich der Marktnachfrage wird in den nachfolgenden Ausführungen davon ausgegangen, dass ein normales Nachfrageverhalten vorliegt und die Marktnachfrage dem Nachfragegesetz entspricht, sodass die Nachfragekurve in einem Preis-Mengen-Diagramm einen fallenden Verlauf hat.
- Bezüglich des Marktangebots wird davon ausgegangen, dass alle Anbieter das Ziel der Gewinnmaximierung verfolgen. Ein Anbieter, der seinen Gewinn maximieren will, wird jeweils die Gütermenge anbieten, bei der die Grenzkosten der Produktion mit dem Grenzerlös übereinstimmen. Ist der Grenzerlös höher als die Grenzkosten, lohnt sich eine Ausweitung der Produktion, weil die damit verbundenen Kosten geringer sind als der Erlös, sodass sich der Gewinn noch steigern lässt. Sind hingegen die Grenzkosten höher als der Erlös einer zusätzlich verkauften Gütereinheit, so lohnt sich eine Reduzierung der Produktion, weil die damit verbundene Kosteneinsparung größer ist als die Erlösminderung, was den Gewinn ebenfalls erhöht. Diese Bedingung gilt unabhängig davon, ob es sich bei dem Anbieter um einen Monopolisten, einen Oligopolisten oder einen Anbieter auf einem Markt unter vollständiger Konkurrenz handelt. Die verschiedenen Marktformen haben lediglich einen Einfluss darauf, wie hoch der Grenzerlös ist bzw. welchen Einfluss der Anbieter auf den Grenzerlös hat. Neben der Bedingung, dass die Grenzkosten gleich dem Grenzerlös sind, muss darüber hinaus der Erlös in der Lage sein, sämtliche Produktionskosten zu decken. Die zweite Bedingung für ein Gewinnmaximum verlangt daher, dass der am Markt erzielte Preis mindestens genauso groß ist wie die Durchschnittskosten.
- Bezüglich der Produktionstechnologie wird davon ausgegangen, dass den Anbietern Technologien zur Verfügung stehen, die sich durch steigende Grenzkosten auszeichnen. Die Konsequenz dieser Annahme ist, dass die

Grenzkostenkurve in einem Preis-Mengen-Diagramm einen steigenden Verlauf hat.

Ausgehend von diesen grundlegenden Überlegungen können nun das Zusammenspiel von Nachfrage und Angebot sowie die daraus resultierenden Konsequenzen für die Preisbildung analysiert werden.

Preisbildung bei vollständiger Konkurrenz

Auf einem Markt herrscht vollständige Konkurrenz, wenn die folgenden Bedingungen erfüllt sind: Es handelt sich um einen vollkommenen Markt, d. h. es wird ein homogenes Gut gehandelt, und es herrscht Markttransparenz. Dies bedeutet zugleich, dass das Gesetz von der Unterschiedslosigkeit des Preises gilt. Darüber hinaus gibt es eine Vielzahl von Anbietern und Nachfragern. Daraus folgt, dass alle Anbieter und Nachfrager auf diesem Markt als Mengenanpasser agieren. Der Markteintritt und der Marktaustritt sind frei, d. h. es liegt ein offener Markt vor. Schließlich ist der Preis für das auf dem Markt gehandelte Gut nach oben und unten vollkommen flexibel.

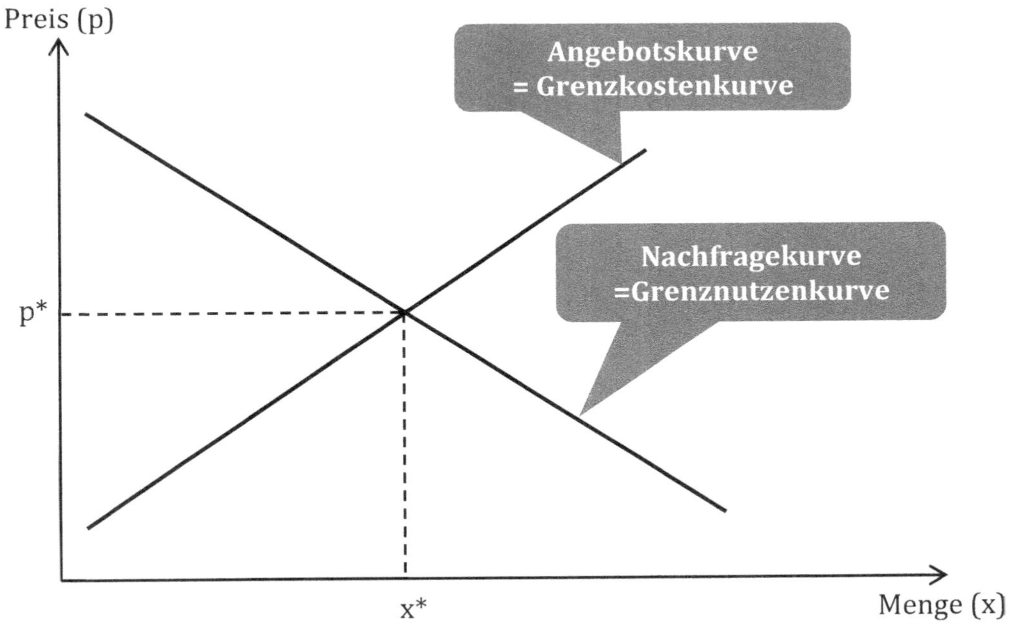

Abb. 6.2: Gleichgewicht auf einem Markt unter vollständiger Konkurrenz

Auf einem Markt unter vollständiger Konkurrenz ergibt sich das Marktgleichgewicht aus dem Schnittpunkt der Marktangebotskurve und der Marktnachfragekurve. Dieser Schnittpunkt bestimmt die Gleichgewichtsmenge (x*) und den Gleichgewichtspreis (p*) (siehe Abbildung 6.2). Da die Marktangebotskurve im

Fall der vollständigen Konkurrenz der gesamtwirtschaftlichen Grenzkostenkurve entspricht, stimmt der Gleichgewichtspreis mit den gesamtwirtschaftlichen Grenzkosten überein.

Im Normalfall, d. h. bei einer steigenden Marktangebotskurve und einer fallenden Marktnachfragekurve, ist dieses Marktgleichgewicht ein **stabiles Gleichgewicht**. Dies lässt sich z. B. mit Hilfe eines kurzfristigen Angebotsüberschusses erläutern. Ein Angebotsüberschuss liegt vor, wenn beim herrschenden Preis die angebotene Gütermenge größer ist als die nachgefragte Gütermenge. Der herrschende Preis ist dann größer als der Gleichgewichtspreis. Sollte sich kurzfristig ein Angebotsüberschuss einstellen, so stellen die Anbieter fest, dass sie zu dem vorherrschenden Preis nicht alle ihre produzierten Gütermengen absetzen können. Einige Anbieter werden daher bereit sein, einen geringeren Preis zu akzeptieren. Im Fall der vollständigen Markttransparenz werden die Konsumenten diese Preisnachlässe bemerken und ihrerseits nicht mehr bereit sein, einen höheren Preis zu zahlen. Der geringere Preis bewirkt dann, dass die nachgefragte Menge zunimmt. Gleichzeitig hat der geringere Preis zur Folge, dass die angebotene Menge zurückgeht. Der Angebotsüberschuss wird somit abgebaut, bis wieder der Schnittpunkt zwischen der Marktangebotskurve und der Marktnachfragekurve erreicht ist.

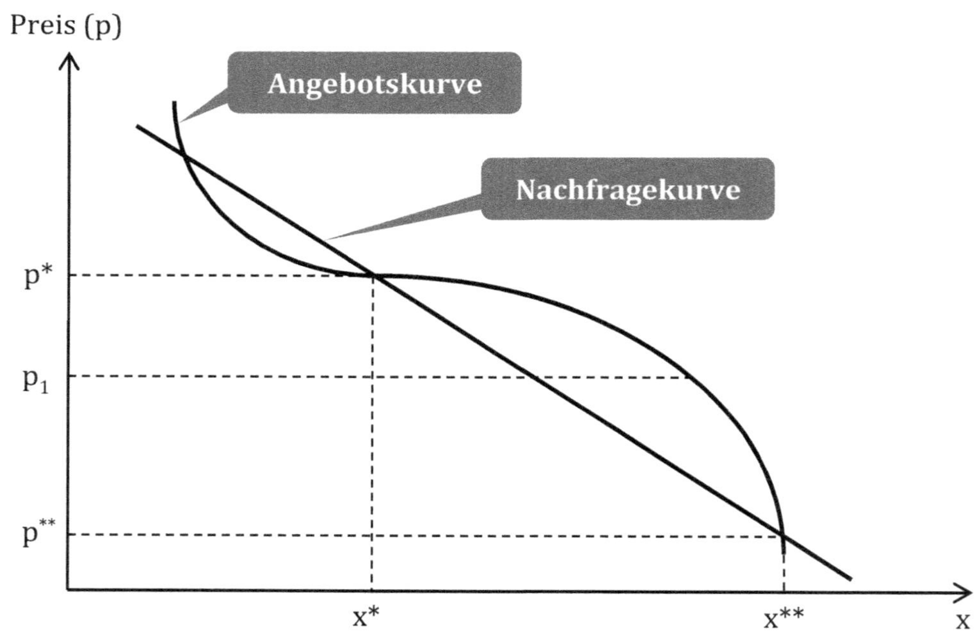

Abb. 6.3: Instabiles Gleichgewicht auf einem Markt unter vollständiger Konkurrenz

Neben dem stabilen kann es allerdings auch ein **instabiles Gleichgewicht** auf einem Markt unter vollständiger Konkurrenz geben. Ein Gleichgewicht ist instabil, wenn es nach einer vorübergehenden Störung nicht wieder erreicht wird. Ein Beispiel für ein instabiles Gleichgewicht wird in der Abbildung 6.3 dargestellt. Dort trifft eine typische Nachfragekurve (eine Gerade mit fallendem Verlauf) auf eine untypische Angebotskurve (s-förmig). Ausgangspunkt ist das Marktgleichgewicht mit dem Gleichgewichtspreis p* und der dazugehörigen Gleichgewichtsmenge x*. Angenommen wird nun eine Störung dieses Gleichgewichts in der Form, dass der Preis unter den Gleichgewichtspreis p* fällt (p_1). Bei der hier unterstellten Angebotskurve führt dies zu einem Angebotsüberschuss, weil die zum Preis p_1 angebotene Menge größer ist als die zu diesem Preis nachgefragte Menge. Der Angebotsüberschuss bewirkt einen weiteren Preisrückgang. Erst beim Preis p** wird ein Ausgleich zwischen angebotener und nachgefragter Menge erreicht. Die Störung hat also nicht dazu geführt, dass das ursprüngliche Marktgleichgewicht mit p* und x* wieder erreicht werden konnte. Das ursprüngliche Marktgleichgewicht hat sich damit als instabil erwiesen.

Abschließend werden noch kurz die Konsequenzen dargestellt, die sich ergeben, wenn es zu einer Änderung der Nachfrage oder des Angebots kommt. Exemplarisch werden im Folgenden die Auswirkungen einer Nachfragesteigerung sowie einer Angebotssteigerung untersucht.

Die Folgen einer **Zunahme der Nachfrage** sind in Abbildung 6.4 skizziert. Grafisch bedeutet eine Erhöhung der Nachfrage, dass nun zu jedem Preis eine größere Gütermenge nachgefragt wird, d. h. es kommt zu einer Rechtsverschiebung der Nachfragekurve. Ursache für die Zunahme der Nachfrage könnte beispielsweise eine Einkommenssteigerung auf Seiten der Konsumenten sein, wobei das betreffende Gut dann ein superiores Gut sein müsste. Die Nachfrageerhöhung hat zur Folge, dass beim alten Gleichgewichtspreis (p_0) ein **Nachfrageüberhang** (NÜ) besteht.

6

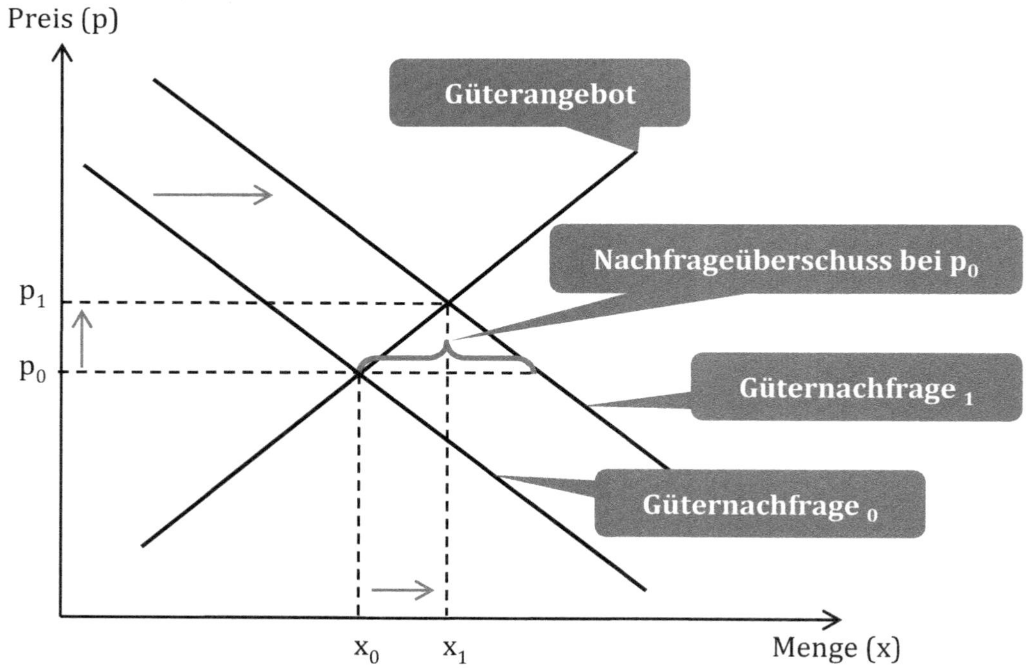

Abb. 6.4: Konsequenzen einer Zunahme der Nachfrage

Der Nachfrageüberhang hat zur Folge, dass nicht alle Nachfrager die Menge erwerben können, die sie zum Preis p_0 erwerben möchten. Daher sind einige Nachfrager bereit, einen höheren Preis zu zahlen, um trotzdem die gewünschten Einheiten zu erhalten. Die Anbieter bemerken dies und sind ihrerseits nun nur noch bereit, jede Mengeneinheit zu einem höheren Preis zu verkaufen. Damit steigt der Preis. Der steigende Preis hat zur Folge, dass erstens die nachgefragte Menge zurückgeht und dass zweitens die angebotene Menge zunimmt. Dieser Prozess setzt sich so lange fort, bis der Nachfrageüberhang abgebaut ist. Dies ist beim Preis p_1 der Fall. Im Ergebnis wird eine höhere Menge (x_1) zu einem höheren Preis (p_1) gehandelt.

Die Folgen einer **Zunahme des Angebots** sind in Abbildung 6.5 skizziert. Grafisch bedeutet eine Angebotserhöhung, dass nun zu jedem Preis eine größere Gütermenge angeboten wird, d. h. es kommt zu einer Rechtsverschiebung der Angebotskurve. Ursache für die Angebotszunahme könnte beispielsweise eine Senkung der Grenzkosten der Produktion infolge eines technologischen Fortschritts sein. Die **Angebotserhöhung** hat zur Folge, dass beim alten Gleichgewichtspreis (p_0) ein **Angebotsüberschuss** (AÜ) besteht.

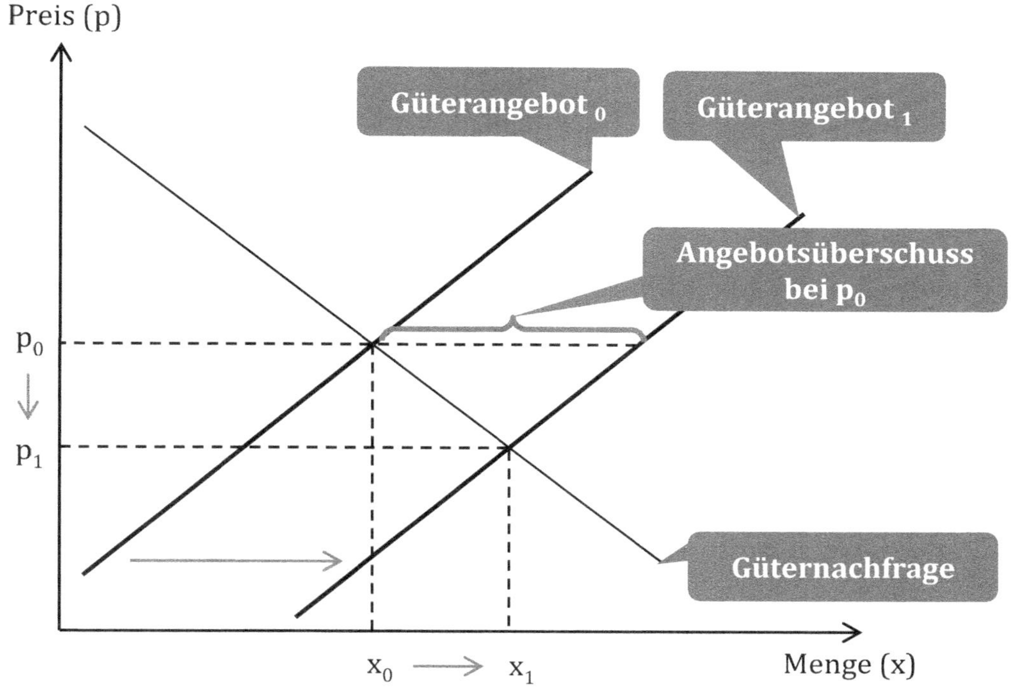

Abb. 6.5: Konsequenzen einer Zunahme des Angebots

Der Angebotsüberschuss hat zur Folge, dass nicht alle Anbieter die Menge an Gütern verkaufen können, die sie zum Preis p_0 verkaufen möchten. Daher sind einige Anbieter bereit, einen geringeren Preis zu verlangen, um trotzdem die gewünschten Gütereinheiten verkaufen zu können. Die Nachfrager bemerken dies und sind ihrerseits nun nur noch bereit, jede Gütereinheit zu einem geringeren Preis zu kaufen. Damit sinkt der Marktpreis. Der sinkende Preis hat zur Folge, dass erstens die Nachfrage nach dem Gut zunimmt und dass zweitens das Angebot zurückgeht. Dieser Prozess setzt sich so lange fort, bis der Angebotsüberschuss abgebaut ist. Dies ist beim Preis p_1 der Fall. In diesem neuen Marktgleichgewicht wird eine größere Menge (x_1) zu einem geringeren Preis (p_1) gehandelt. Der niedrigere Gleichgewichtspreis impliziert, dass die Anbieter die geringeren Grenzkosten in Form einer Preissenkung an die Konsumenten weitergegeben haben.

6

Preisbildung bei einem Monopolmarkt

Ein Monopolmarkt ist ein Markt, der sich durch folgende Eigenschaften auszeichnet: So wie bei einem Markt unter vollständiger Konkurrenz gibt es viele Nachfrager, die alle klein sind. Das entscheidende Kriterium für einen Monopolmarkt ist, dass es nur einen einzigen Anbieter gibt, den Monopolisten. Für das auf dem Monopolmarkt gehandelte Gut gibt es keine oder nur schlechte Substitute, d. h. die Konsumenten können auch nicht auf ähnliche Angebote anderer Anbieter ausweichen. Der Preis des auf dem Monopolmarkt gehandelten Gutes ist flexibel und unterliegt nur dem Einfluss der Marktbeteiligten. Der Monopolist hat dabei einen besonders großen Einfluss auf den Preis, weil er bei seiner Preisgestaltung nicht auf die Reaktionen anderer Anbieter Rücksicht nehmen muss.

Ziel des Monopolisten ist die Gewinnmaximierung. Das Gewinnmaximum eines Monopolisten liegt – so wie bei allen Marktformen – bei der Menge, bei der die Grenzkosten der Produktion mit dem Grenzerlös übereinstimmen. Der Grenzerlös ist dabei – anders als auf einem Markt mit vollständiger Konkurrenz – keine konstante Größe. Da die gesamte Marktnachfragekurve die für den Monopolisten relevante Preis-Absatz-Kurve ist, nimmt der Preis, den der Monopolist pro Gütereinheit erzielen kann, mit steigenden Absatzmengen ab. Der Erlös ergibt sich aus der Multiplikation von Absatzmenge (x) und Preis (p), wobei der Preis wiederum eine Funktion der Menge x ist. Somit gilt für die Erlösfunktion (E) eines Monopolisten folgender Zusammenhang:

$$(6.1)\ E(x) = x \cdot p(x) \text{ mit } \frac{\partial E}{\partial x} = p + x \cdot \frac{\partial p}{\partial x}$$

Grafisch lässt sich die gewinnmaximale Angebotsmenge eines Monopolisten wie folgt darstellen: Ausgehend von einer linearen Marktnachfragefunktion lässt sich der Zusammenhang zwischen nachgefragter Menge (x^N) und Preis (p) mit Hilfe der Gleichung $x^N = \alpha - \beta \cdot p$ ausdrücken. Die Marktnachfragefunktion kann aber auch in der Form $p = \sigma - \varepsilon \cdot x^N$ dargestellt werden. Die Erlösfunktion des Monopolisten lautet somit:

$$(6.2)\ E(x) = x \cdot (\sigma - \varepsilon \cdot x) = x \cdot \sigma - \varepsilon \cdot x^2$$

Die **Grenzerlösfunktion** ergibt sich aus der ersten Ableitung der Erlösfunktion nach x:

$$(6.3)\ \frac{\partial E}{\partial x} = \sigma - 2 \cdot \varepsilon \cdot x$$

Der Vergleich der Grenzerlösfunktion mit der Marktnachfragefunktion zeigt, dass die Grenzerlösfunktion und die Marktnachfragekurve beide im Punkt σ beginnen (siehe Abbildung 6.6). Die Steigung der Grenzerlösfunktion ist dabei doppelt so groß wie die Steigung der Marktnachfragekurve. Grafisch lässt sich das Monopolgleichgewicht durch den Schnittpunkt der Grenzerlöskurve und der Grenzkostenkurve bestimmen. Dieser Schnittpunkt (c) bestimmt die vom Monopolisten angebotene Gütermenge (x*).

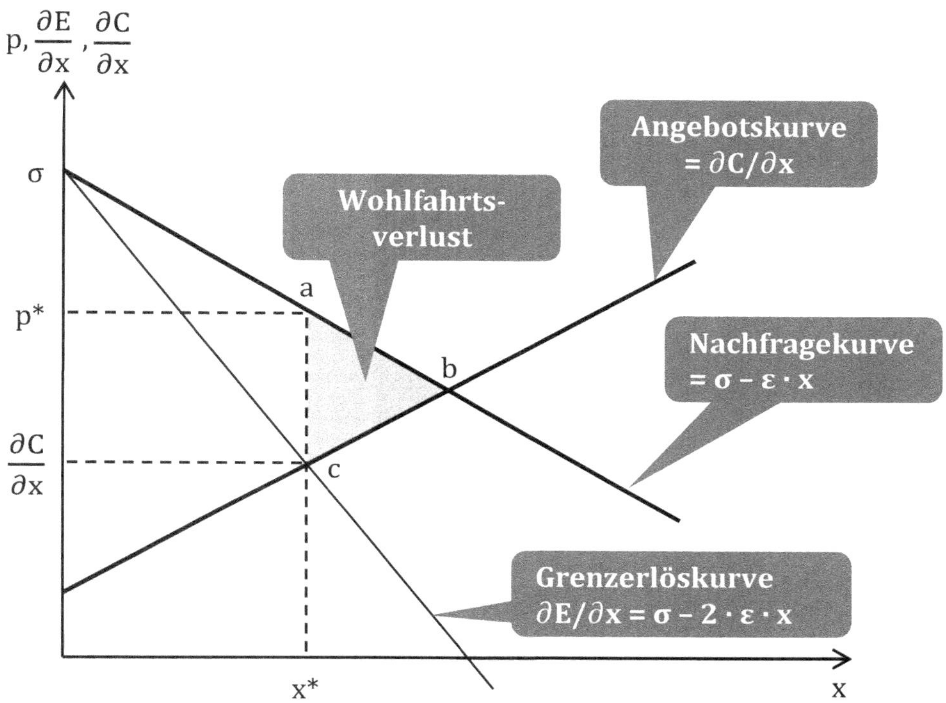

Abb. 6.6: Marktgleichgewicht und Wohlfahrtsverluste bei einem Monopol

Der Gleichgewichtspreis (p*) ergibt sich mit Hilfe der Marktnachfragekurve und entspricht dem Preis, zu dem die Konsumenten bereit sind, die vom Monopolisten angebotene Gütermenge abzunehmen. Die Kombination aus gewinnmaximaler Angebotsmenge und Monopolpreis wird auch **Cournot'scher Punkt** genannt. Verglichen mit dem Gleichgewicht im Fall der vollständigen Konkurrenz, ergeben sich einige Unterschiede. Bei vollständiger Konkurrenz ergibt sich das Marktgleichgewicht durch den Schnittpunkt der Marktnachfragekurve und der Marktangebotskurve. Die Kurve des Marktangebots stimmt dabei überein mit der Grenzkostenkurve. Im Vergleich zur vollständigen Konkurrenz bietet der Monopolist somit eine geringere Menge an, die er zu einem höheren Preis verkauft. Wird die Summe aus Produzenten- und Konsumentenrente als Maßstab für die gesellschaftliche Wohlfahrt herangezogen, so ist mit dem Monopol ein **Wohlfahrtsverlust** in Höhe des Dreiecks abc verbunden.

Preisbildung bei einem Monopsonmarkt

Ein **Monopsonmarkt** liegt vor, wenn es auf dem Markt nur einen Nachfrager – den Monopson – gibt. Diesem Nachfrager steht eine Vielzahl von Anbietern gegenüber.

Ziel des Monopsons ist grundsätzlich die Nutzenmaximierung. Die nutzenmaximierende Güternachfrage liegt dort, wo die Grenzausgaben für das Gut mit dessen Grenznutzen übereinstimmen. Ist der Monopson hingegen ein Produzent, der einen Produktionsfaktor nachfragt – z. B. den Faktor Arbeit –, dann ist das Ziel des Monopsons die Gewinnmaximierung. In diesem Fall liegt die gewinnmaximierende Faktornachfrage dort, wo die Grenzausgaben für den Produktionsfaktor mit dem Wertgrenzprodukt des Produktionsfaktors übereinstimmen. In den nachfolgenden Ausführungen wird als Monopson ein Unternehmen angenommen, das einen Produktionsfaktor nachfragt. Die **Grenzausgaben** sind dabei – anders als auf einem Markt mit vollständiger Konkurrenz – keine konstante Größe. Da die gesamte Marktangebotskurve die für den Monopson relevante Angebotskurve ist, nimmt der Preis, den der Monopson pro Gütereinheit zahlen muss, mit steigenden gekauften Mengen zu. Die Ausgaben ergeben sich aus der Multiplikation von gekaufter Menge (x) und Faktorpreis (p), wobei der Faktorpreis wiederum eine Funktion der Menge x ist. Somit gilt für die Ausgabenfunktion (A) eines Monopsons folgender Zusammenhang:

$$(6.4)\ A(x) = x \cdot p(x) \text{ mit } \frac{\partial A}{\partial x} = p + x \cdot \frac{\partial p}{\partial x}$$

Grafisch lässt sich die gewinnmaximale nachgefragte Menge eines Monopsons wie folgt darstellen: Ausgehend von einer linearen Marktangebotsfunktion lässt sich der Zusammenhang zwischen angebotener Menge (x^A) und Faktorpreis (p) mit Hilfe der Gleichung $x^A = \alpha + \beta \cdot p$ ausdrücken. Die Marktangebotsfunktion kann aber auch in der Form $p = a + b \cdot x^A$ dargestellt werden. Die Ausgabenfunktion des Monopsons lautet somit:

$$(6.5)\ A(x) = x \cdot (a + b \cdot x) = x \cdot a + b \cdot x^2$$

Die **Grenzausgabenfunktion** ergibt sich aus der ersten Ableitung der Ausgabenfunktion nach x:

$$(6.6)\ \frac{\partial A}{\partial x} = a + 2 \cdot b \cdot x$$

Der Vergleich der Grenzausgabenfunktion mit der Marktangebotskurve zeigt, dass die Grenzausgabenfunktion und die Marktangebotsfunktion beide im Punkt a beginnen (siehe Abbildung 6.7). Die Steigung der Grenzausgabenfunktion ist dabei doppelt so groß wie die Steigung der Marktangebotskurve. Grafisch lässt sich das Gleichgewicht auf einem Markt mit einem Monopson durch den Schnittpunkt der Grenzausgabenkurve und der Kurve des Wertgrenzprodukts dieses Produktionsfaktors, also der Marktnachfragekurve, bestimmen. Dieser Schnittpunkt (d) bestimmt die vom Monopson nachgefragte Gütermenge (x*). Der Gleichgewichtspreis (p*) ergibt sich mit Hilfe der Marktangebotskurve und entspricht dem Preis, zu dem die Anbieter bereit sind, die vom Monopson nachgefragte Gütermenge zu verkaufen. Im Vergleich zur vollständigen Konkurrenz fragt der Monopson somit eine geringere Menge nach, die er zu einem geringeren Preis kauft. Wird die Summe aus Produzenten- und Konsumentenrente als Maßstab für die gesellschaftliche Wohlfahrt herangezogen, so ist mit dem Monopson ein **Wohlfahrtsverlust** in Höhe des Dreiecks cde verbunden.

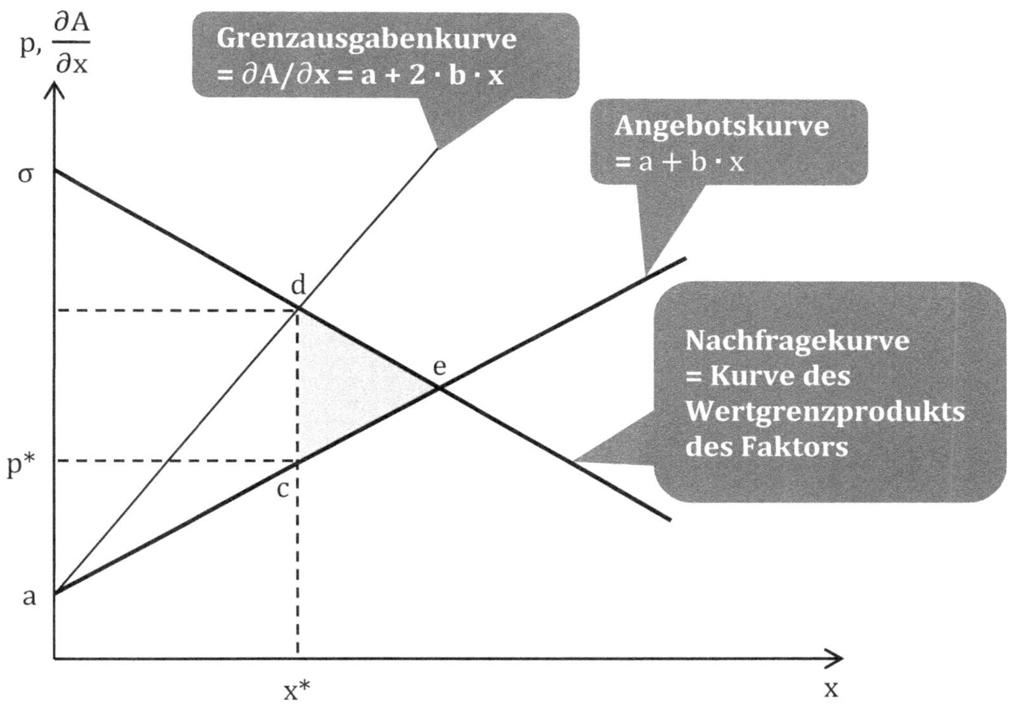

Abb. 6.7: Marktgleichgewicht bei einem Monopson

Preisbildung bei einem bilateralen Monopol

Die Preisbildung bei einem **bilateralen Monopol** ergibt sich aus dem Zusammenspiel der Preisbildung auf einem Monopolmarkt, also dem Preissetzungsverhalten eines Alleinanbieters (Monopolist), und der Preisbildung auf einem Monopsonmarkt, also dem Preissetzungsverhalten eines Alleinnachfragers (Monopson). Der Monopolist strebt die Menge an, bei der der Grenzerlös gleich den Grenzkosten ist. Diese Menge (x*) wird dann zu dem Preis angeboten, zu dem die entsprechende Menge von den Konsumenten nachgefragt wird (p*).

Der Monopolist versucht daher, den Cournot'schen Punkt (Q*) zu realisieren. Der Monopson hingegen strebt die Menge an, bei der die Grenzausgaben gleich dem Grenznutzen (im Fall eines Konsumgutes) bzw. gleich dem Wertgrenzprodukt (im Fall eines Produktionsfaktors) sind. Diese Menge (x**) wird dann zu dem Preis nachgefragt, zu dem die entsprechende Menge von den Anbietern angeboten wird (p**) (siehe Abbildung 6.8).

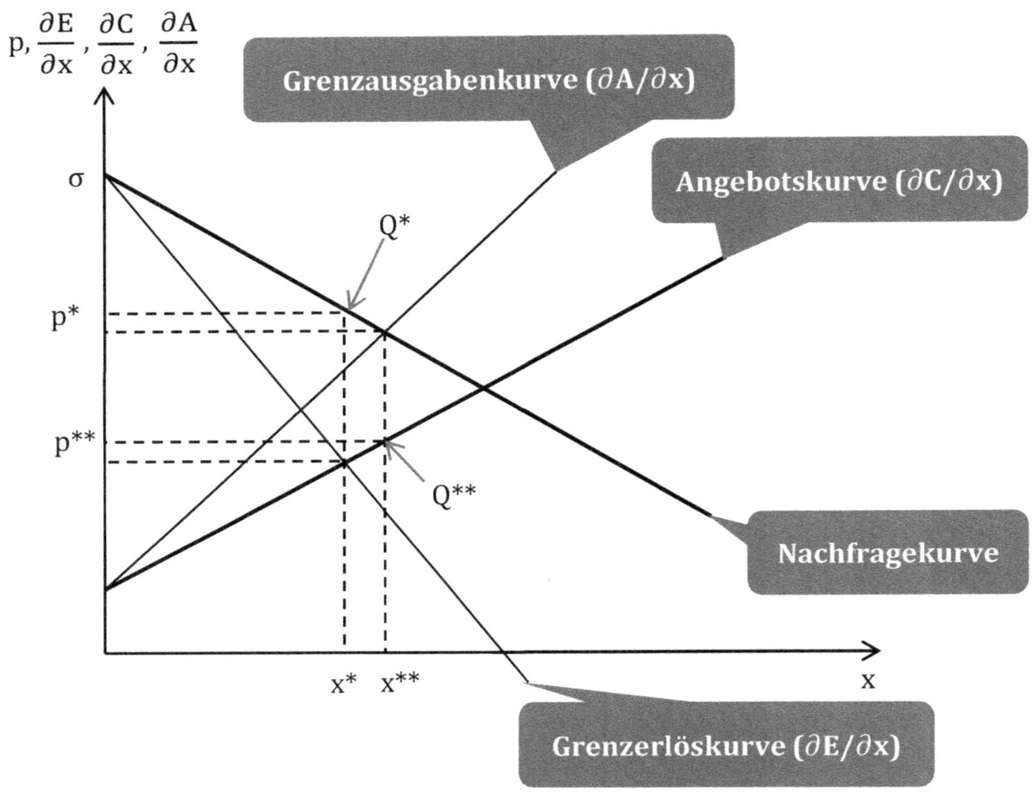

Abb. 6.8: Marktgleichgewicht bei einem bilateralen Monopol

Der Monopolpreis p* und der Monopsonpreis p** bilden somit die Grenzen, innerhalb derer der Gleichgewichtspreis im Falle eines bilateralen Monopols liegt. Wie hoch der Preis im Falle eines bilateralen Monopols tatsächlich ist, lässt sich theoretisch jedoch nicht bestimmen. Dieser Preis ist letztlich das Resultat der Verhandlung zwischen dem Monopolisten und dem Monopson. Ob der Gleichgewichtspreis näher am Monopolpreis p* oder am Monopsonpreis p** liegt, hängt von der Verhandlungsstärke der beiden beteiligten Akteure ab. Bei leicht verderblichen Waren kann beispielsweise erwartet werden, dass dies die Verhandlungsposition des Nachfragers stärkt, sodass der Gleichgewichtspreis näher am Monopsonpreis p** liegen sollte. In jedem Fall aber kommt es zu einem Wohlfahrtsverlust, weil die auf dem Markt angebotene und abgesetzte

Gütermenge geringer ist als die Menge, die sich im Fall der vollständigen Konkurrenz einstellen würde und durch den Schnittpunkt von Angebots- und Nachfragekurve bestimmt wäre.

Preisbildung auf Oligopolmärkten am Beispiel des homogenen Duopols

Ein **Oligopolmarkt** ist ein Markt, der sich durch folgende Eigenschaften auszeichnet: So wie bei einem Markt unter vollständiger Konkurrenz oder auch einem Monopolmarkt gibt es viele Nachfrager, die alle klein sind. Der Markteintritt und der Marktaustritt sind frei, d. h. es liegt ein offener Markt vor. Das entscheidende Kriterium für ein Oligopol ist, dass es wenige Anbieter gibt, die alle groß sind.

Wenn das auf dem Markt gehandelte Gut homogen ist, liegt ein **homogenes Oligopol** vor. In diesem Fall ist auch die Eigenschaft der Markttransparenz gefordert. Wenn das auf dem Markt gehandelte Gut heterogen ist, liegt ein **heterogenes Oligopol** vor. In diesem Fall ist die Eigenschaft der Markttransparenz nicht gefordert. Von einem **Duopol** wird gesprochen, wenn es auf dem Markt zwei Anbieter gibt.

Bei der Preisbildung auf einem oligopolistischen Markt werden Monopolelemente mit Elementen des Wettbewerbs kombiniert. Ein Oligopolist hat – so wie ein Monopolist – einen gewissen Einfluss auf den Marktpreis, d. h. er muss sich nicht an einen gegebenen Preis anpassen. Während aber ein Monopolist nur auf die Reaktionen der Nachfrager Rücksicht nehmen muss, hat ein Oligopolist zusätzlich noch die Reaktionen der anderen – wenigen, aber großen – Anbieter zu berücksichtigen. Für die Bestimmung des Marktgleichgewichts auf einem Oligopolmarkt gibt es zahlreiche Modelle. Diese unterscheiden sich unter anderem dahingehend, ob es sich um ein homogenes oder heterogenes Gut handelt, ob die einzelnen Oligopolisten gleich groß sind oder nicht, ob es Marktzutrittsschranken gibt oder nicht und ob die Oligopolisten identische Produktionstechnologien – und damit auch identische Grenzkosten – besitzen oder unterschiedliche Produktionstechnologien mit unterschiedlichen Grenzkosten.

Trotz dieser Unterschiede und der daraus resultierenden vielfältigen Lösungen der Oligopolpreisbildungsmodelle weisen diese einige Gemeinsamkeiten auf. Hierzu gehört zunächst einmal der Umstand, dass für das Gewinnmaximum die Bedingung »Grenzerlös gleich Grenzkosten« gelten muss, wobei der Grenzerlös eines Oligopolisten keine konstante Größe ist. Des Weiteren haben die Oligopolpreisbildungsmodelle die Gemeinsamkeit, dass jeder einzelne Oligopolist bei der Berechnung seines Gewinnmaximums die Aktionsparameter seiner Konkurrenten – d. h. bei einem homogenen Gut die angebotenen Mengen der Konkurrenten und bei einem heterogenen Gut die Preise der Konkurrenten – berücksichtigen muss. Daher hängt die gewinnmaximierende Kombination aus Preis und angebotener Menge eines Oligopolisten sowohl vom Nachfrageverhalten der Konsumenten als auch vom Angebotsverhalten der Konkurrenten ab. Schließlich zeichnet sich das Gleichgewicht auf einem Oligopolmarkt noch dadurch aus, dass alle Oligopolisten zusammen im Vergleich zur vollständigen Konkurrenz eine geringere Menge anbieten, die sie zu einem höheren Preis verkaufen. Wird die Summe aus Produzenten- und Konsumentenrente als Maßstab für die gesellschaftliche Wohlfahrt herangezogen, so ist mit dem Oligopol ein Wohlfahrtsverlust verbunden.

Für die genaue Analyse der Preisbildung auf Oligopolmärkten gibt es, wie schon erwähnt, verschiedene Modelle. Exemplarisch wird im Folgenden die Preisbildung im Fall von zwei Anbietern (A und B) – dem so genannten **Duopol** – untersucht, die beide ein homogenes Gut anbieten. Ausgangspunkt ist eine lineare Marktnachfragekurve. Die auf dem Markt angebotene Gütermenge setzt sich zusammen aus den Mengen, die der Anbieter A (x_A) und der Anbieter B (x_B) produzieren und anbieten. Daher gelten folgende Zusammenhänge:

$$(6.7)\ p = a - b \cdot x = a - b \cdot (x_A + x_B)$$

Der Gewinn von Anbieter A hängt ab vom Erlös sowie den Kosten der Produktion (C_A). Der zu erzielende Erlös hängt dabei auch von der Gütermenge ab, die der Anbieter B auf dem Markt verkauft, denn für jede gegebene angebotene Menge von Unternehmen A gelten folgende Zusammenhänge: Je größer die Menge x_B ist, desto größer ist die am Markt insgesamt angebotene Menge. Da diese dem Nachfragegesetz folgend nur zu einem geringeren Preis abgesetzt werden kann, führt eine Erhöhung von x_B ceteris paribus zu einer Preissenkung, die den Erlös einer gegebenen Menge x_A verringert. Der Gewinn des Unternehmens A (G_A) hängt daher nicht nur von der selber angebotenen Gütermenge ab, sondern auch von der Menge, die das andere Unternehmen anbietet.

$$(6.8)\ G_A\,(x_A, x_B) = p \cdot x_A - C_A$$

Wird Gleichung 6.7 in die **Gewinnfunktion** (Gleichung 6.8) eingesetzt, so wird die Abhängigkeit des Gewinns des Anbieters A von der Gütermenge des anderen Unternehmens deutlich.

$$(6.9)\ G_A\,(x_A, x_B) = [a - b \cdot (x_A + x_B)] \cdot x_A - C_A = a \cdot x_A - b \cdot x_A^2 - b \cdot x_B \cdot x_A - C_A$$

Die Bedingung für ein Gewinnmaximum ergibt sich dadurch, dass die Gewinnfunktion nach x_A abgeleitet und anschließend gleich Null gesetzt wird.

$$(6.10)\ \frac{\partial G_A}{\partial x_A} = a - 2 \cdot b \cdot x_A - b \cdot x_B - \frac{\partial C_A}{\partial x_A} = 0$$

Werden im Folgenden die Grenzkosten ($\frac{\partial C}{\partial x}$) aus Gründen der Vereinfachung durch GK abgekürzt, so lässt sich Gleichung 6.10 wie folgt umformen:

$$(6.10') \; -2 \cdot b \cdot x_A = -a + GK_A + b \cdot x_B$$

$$\Leftrightarrow x_A = \frac{-a}{-2 \cdot b} + \frac{GK_A}{-2 \cdot b} + \frac{b \cdot x_B}{-2 \cdot b}$$

$$(6.11) \; x_A = \frac{1}{2 \cdot b} \cdot [a - GK_A] - \frac{1}{2} \cdot x_B$$

Die Gleichung 6.11 gibt an, wie der gewinnmaximierende Anbieter A auf die Produktions- und Angebotsentscheidung seines Konkurrenten B reagiert. Diese Gleichung wird daher als **Reaktionsfunktion** des Anbieters A bezeichnet. Die Reaktionsfunktion des anderen Anbieters lässt sich analog berechnen und lautet wie folgt:

$$(6.12) \; x_B = \frac{1}{2 \cdot b} \cdot [a - GK_B] - \frac{1}{2} \cdot x_A$$

Für ein Gleichgewicht auf dem Markt mit diesen beiden Anbietern muss die vom Unternehmen A angebotene Menge x_A der Gleichung 6.11 genau so groß sein wie die Menge x_A der Gleichung 6.12. Gleiches gilt für die Menge x_B. Um also die Menge zu berechnen, die Anbieter A auf dem Markt anbietet, muss Gleichung 6.12 in Gleichung 6.11 eingesetzt werden.

$$(6.11a) \; x_A = \frac{1}{2 \cdot b} \cdot [a - GK_A] - \frac{1}{2} \cdot [\frac{1}{2 \cdot b} \cdot (a - GK_B) - \frac{1}{2} \cdot x_A]$$

$$\Leftrightarrow x_A = \frac{1}{2 \cdot b} \cdot [a - GK_A] - \frac{1}{4 \cdot b} \cdot [a - GK_B] + \frac{1}{4} \cdot x_A$$

$$\Leftrightarrow \frac{3}{4} \cdot x_A = \frac{1}{2 \cdot b} \cdot \frac{2 \cdot a - 2 \cdot GK_A}{2} - \frac{1}{4 \cdot b} \cdot [a - GK_B]$$

$$\Leftrightarrow \frac{3}{4} \cdot x_A = \frac{1}{4 \cdot b} \cdot [2 \cdot a - 2 \cdot GK_A] - \frac{1}{4 \cdot b} \cdot [a - GK_B] = \frac{1}{4 \cdot b} \cdot [2 \cdot a - 2 \cdot GK_A - a + GK_B]$$

Hieraus lässt sich schließlich die **gewinnmaximierende Gütermenge** berechnen, die der Anbieter A produziert und auf dem Markt anbietet (x_A*).

$$(6.13) \; x_A^* = \frac{1}{3 \cdot b} \cdot [a - 2 \cdot GK_A + GK_B]$$

Wird die gewinnmaximierende Gütermenge des Anbieters A eingesetzt in Gleichung 6.12, so lässt sich die gewinnmaximierende Gütermenge des Anbieters B (x_B*) berechnen.

$$(6.14)\ x_B^* = \frac{1}{3 \cdot b} \cdot [a - 2 \cdot GK_B + GK_A]$$

Die von den beiden Unternehmen angebotenen Mengen x_A^* und x_B^* ergeben die am Markt angebotene **Gleichgewichtsmenge** x^*.

$$(6.15)\ x^* = x_A^* + x_B^* = \frac{1}{3 \cdot b} \cdot [a - 2 \cdot GK_A + GK_B] + \frac{1}{3 \cdot b} \cdot [a - 2 \cdot GK_B + GK_A]$$

$$\Leftrightarrow x^* = \frac{1}{3 \cdot b} \cdot [a - 2 \cdot GK_A + GK_B + a - 2 \cdot GK_B + GK_A]$$

$$(6.16)\ x^* = \frac{1}{3 \cdot b} \cdot [2 \cdot a - GK_A - GK_B]$$

Wird die so gefundene Gleichgewichtsmenge x^* in die Nachfragefunktion (Gleichung 6.7) eingesetzt, ergibt sich schließlich der **Gleichgewichtspreis**.

$$(6.17)\ p^* = a - b \cdot x^* = a - b \cdot \frac{1}{3 \cdot b} \cdot [2 \cdot a - GK_A - GK_B]$$

$$\Leftrightarrow p^* = a - \frac{2}{3} \cdot a + \frac{1}{3} \cdot GK_A + \frac{1}{3} \cdot GK_B = \frac{1}{3} \cdot a + \frac{1}{3} \cdot GK_A + \frac{1}{3} \cdot GK_B$$

$$(6.18)\ p^* = \frac{1}{3} \cdot [a + GK_A + GK_B]$$

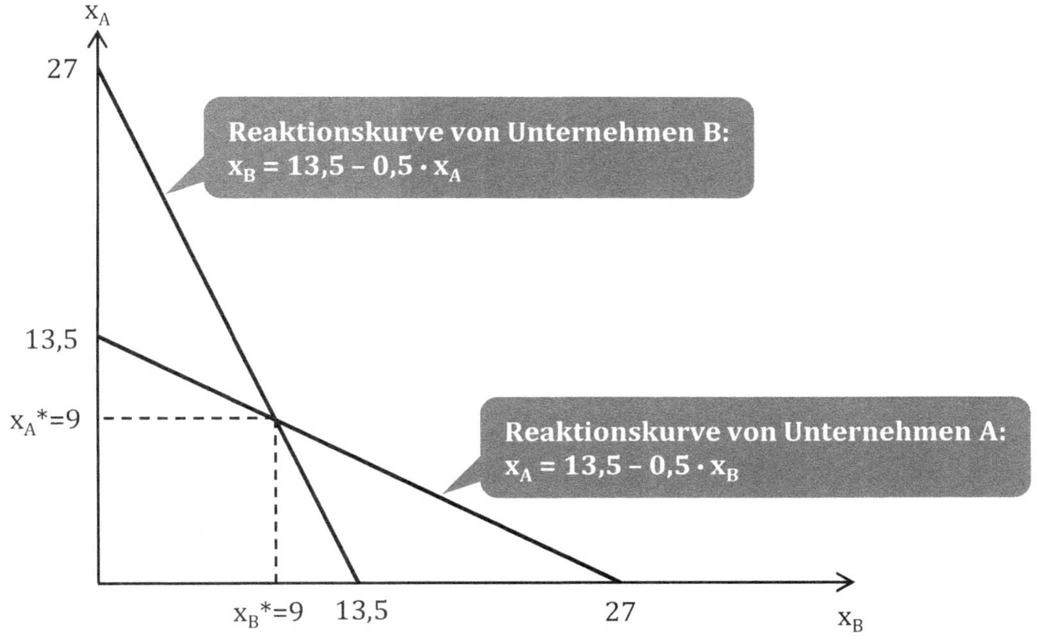

Abb. 6.9: Reaktionskurven der Duopolisten und Marktgleichgewicht

Zum Abschluss soll ein einfaches Zahlenbeispiel die Preisbildung auf einem homogenen Duopol verdeutlichen. Dabei wird angenommen, dass die Parameter der Marktnachfragefunktion (Gleichung 6.7) wie folgt lauten: a = 10, b = ⅓. Zudem haben die beiden Anbieter identische und konstante Grenzkosten in Höhe von einem Euro ($GK_A = GK_B = 1$). Werden diese Parameterwerte in die Bestimmungsgleichung von Anbieter A (Gleichung 6.11) eingesetzt, so ergibt sich daraus folgende Reaktionsgleichung:

$$x_A = \frac{1}{2 \cdot b} \cdot [a - GK_A] - \frac{1}{2} \cdot x_B = 1{,}5 \cdot [10 - 1] - 0{,}5 \cdot x_B = 13{,}5 - 0{,}5 \cdot x_B.$$

Die Reaktionsfunktion von Anbieter B lautet wegen der angenommenen Symmetrie der Parameterwerte: $x_B = 13{,}5 - 0{,}5 \cdot x_A$. Beide Reaktionskurven können in einem Mengen-Diagramm abgebildet werden (siehe Abbildung 6.9). Der Schnittpunkt der beiden Reaktionskurven bestimmt die gewinnmaximierenden Angebotsmengen der beiden Duopolisten. In diesem Fall bietet jeder Anbieter 9 Gütereinheiten an. Wird diese Gleichgewichtsmenge ($x^* = 18$) in die Marktnachfragefunktion eingesetzt ($p = a - b \cdot x = 10 - ⅓ \cdot 18 = 4$), so ergibt sich daraus schließlich der **Gleichgewichtspreis** von $p^* = 4$. Zu diesem Ergebnis gelangt man auch, wenn die Parameterwerte in die Gleichung 6.18 eingesetzt werden:

$$p^* = \frac{1}{3} \cdot [a + GK_A + GK_B] = \frac{1}{3} \cdot [10 + 1 + 1] = \frac{12}{3} = 4.$$

Mit Hilfe der Reaktionsgleichungen lässt sich auch darstellen, wie auf dem Duopolmarkt das **Marktgleichgewicht** realisiert wird. Angenommen, Unternehmen A bietet auf dem Markt eine größere Menge an als $x_A^* = 9$, weil er die Kostenstruktur seines Mitbewerbers nicht kennt und daher fälschlicherweise annimmt, dass Unternehmen B nur drei Mengeneinheiten des Gutes anbietet. Anbieter A geht dann mit der Menge $x_A = 13{,}5 - 0{,}5 \cdot x_B = 13{,}5 - 0{,}5 \cdot 3 = 12$ auf den Markt. In diesem Fall passt Anbieter B seine Menge entsprechend seiner Reaktionsgleichung $x_B = 13{,}5 - 0{,}5 \cdot x_A$ mit $x_A = 12$ an, d. h. er bietet die Menge $x_B = 13{,}5 - 0{,}5 \cdot 12 = 7{,}5$ an. Hierauf reagiert Anbieter A, indem er seine angebotene Menge reduziert: $x_A = 13{,}5 - 0{,}5 \cdot x_B = 13{,}5 - 0{,}5 \cdot 7{,}5 = 9{,}75$. Anbieter B stellt dann jedoch fest, dass er seine Angebotsmenge erhöhen muss, wenn er seinen Gewinn maximieren will: $x_B = 13{,}5 - 0{,}5 \cdot x_A = 13{,}5 - 0{,}5 \cdot 9{,}75 = 8{,}625$. Darauf reagiert Anbieter A wiederum mit einer weiteren Reduzierung der produzierten und angebotenen Menge und so weiter. Dieser Anpassungsprozess kommt erst zu einem Ende, wenn beide Anbieter die gleichgewichtigen Mengen $x_A = x_B = 9$ anbieten, denn dann hat keiner der beiden mehr eine Veranlassung, seine angebotenen Mengen zu variieren. Das Gleichgewicht ist daher ein stabiles Marktgleichgewicht.

Der vorgestellte Fall eines Duopols mit einem homogenen Gut ist nur eine von vielen möglichen Duopol-Varianten. In diesem recht einfachen Modell reagiert jeder Anbieter auf die angebotene Menge seines Konkurrenten und passt sich daran an, d. h. die angebotene Menge des Konkurrenten wird als exogene und konstante Größe angesehen. Dieser Fall eines reinen Mengenwettbewerbs wird auch **Cournot-Modell** genannt. Sofern nicht die Angebotsmengen, sondern der Preis des homogenen Gutes als Wettbewerbsparameter gewählt wird, liegen **Bertrand-Modelle** vor. Ein weiteres Unterscheidungsmerkmal von Duopol-Modellen betrifft die Entscheidungsstrategie der Anbieter. In dem hier vorgestellten Cournot-Modell passt sich jeder Anbieter an die gegebene Entscheidung seines Konkurrenten an. Denkbar ist jedoch auch, dass bei der eigenen Entscheidung bereits die vermutete Reaktion des zweiten Anbieters antizipiert wird. Im **von Stackelberg-Modell** wird beispielsweise davon ausgegangen, dass ein Anbieter sich wie im Cournot-Modell verhält, also die Angebotsmenge seines Mitkonkurrenten als gegeben ansieht und sich daran anpasst. Der zweite Anbieter bezieht hingegen die erwartete Reaktion des Konkurrenten auf seine Angebotsentscheidung in diese Entscheidung mit ein. Da der zweite Anbieter mit seiner Angebotsentscheidung also auch gleichzeitig die Entscheidung des ersten Anbieters festlegt, sucht der zweite Anbieter die Mengenkombination heraus, die seinen Gewinn maximiert. Auch die Größe der Anbieter spielt eine Rolle. Während Anbieter mit einem großen Marktanteil häufig ein autonomes Verhalten an den Tag legen können, sind kleine Anbieter eher gezwungen, auf die Entscheidungen großer Mitkonkurrenten zu reagieren. Eine weitere Option der

Duopolisten besteht darin, dass sie kooperieren und als Ziel die gemeinsame Gewinnmaximierung anstreben. Bei dieser Kartelllösung ergibt sich aus der Absprache ein zusätzlicher Gewinn, der dann unter den beiden Anbietern aufgeteilt wird. Schließlich gibt es noch Modelle, in denen heterogene Güter produziert und nachgefragt werden. Ein **heterogenes Gut** liegt vor, wenn die Konsumenten nicht alle Mengeneinheiten dieses Gutes als vollkommen gleich ansehen. Hierfür kann es unterschiedliche Gründe geben. Konsumenten können beispielsweise sachliche Präferenzen haben. Dies bedeutet, dass die Konsumenten bei Gütern, die sich der Sache nach gleichen (z. B. Zigaretten oder Benzin), Unterschiede zwischen einzelnen Gütereinheiten sehen, die beispielsweise durch die Werbung oder die Aufmachung hervorgerufen werden. In einem **heterogenen Duopol** können die Preise deshalb voneinander abweichen, ohne dass der Duopolist mit dem höheren Preis alle Nachfrager an seinen Mitkonkurrent verliert.

In allen Fällen resultiert jedoch ein Marktgleichgewicht, bei dem im Vergleich zur vollständigen Konkurrenz eine geringere Menge angeboten wird, für die die Konsumenten einen höheren Preis zahlen müssen. Die Duopolisten profitieren hiervon, weil sie im Vergleich zur vollständigen Konkurrenz einen höheren Gewinn erzielen.

Abschließende Bemerkungen zur Preisbildung auf Märkten

Aus den Ausführungen zur Preisbildung auf verschiedenen Märkten lassen sich zwei wesentliche Erkenntnisse ableiten: die Vorteilhaftigkeit der vollständigen Konkurrenz im Vergleich zu allen anderen Marktformen und die Vorteilhaftigkeit von flexiblen Preisen.

Die **Vorteilhaftigkeit der vollständigen Konkurrenz** lässt sich mit Hilfe der Konsumenten- und Produzentenrente zeigen. Der Vergleich der Gleichgewichte auf verschiedenen Märkten hat verdeutlicht, dass sich die größte gesellschaftliche Wohlfahrt im Fall der vollständigen Konkurrenz einstellt. In allen anderen Fällen hingegen ist mit dem erreichten Marktgleichgewicht ein Wohlfahrtsverlust verbunden, d. h. die Summe aus Konsumenten- und Produzentenrente ist stets geringer als im Fall der vollständigen Konkurrenz. Die Wohlfahrtsverluste resultieren daraus, dass eine geringere Gütermenge angeboten und konsumiert wird als im Fall der vollständigen Konkurrenz. In den meisten Fällen (Monopol, Oligopol) wird diese Menge zu einem Preis verkauft, der über dem Preis liegt, der sich im Fall der vollständigen Konkurrenz ergeben würde. Die entsprechenden Marktgleichgewichte zeichnen sich folglich dadurch aus, dass die Konsumenten eine geringere Menge als im Fall der vollständigen Konkurrenz konsumieren können und dafür einen höheren Preis zahlen müssen. Nutznießer dieser Gleichgewichte sind die Anbieter, deren Produzentenrente höher ist als im Fall der vollständigen Konkurrenz.

Zweitens hat sich gezeigt, dass das Zusammenspiel von Nachfrage und Angebot im Fall flexibler Preise zu einer Situation führt, in der die angebotene und die nachgefragte Menge übereinstimmen. Damit liegt ein Marktgleichgewicht vor. Der Preis ist daher ein zentrales Element der Marktwirtschaft und hat eine Reihe von Funktionen. Die wichtigsten **Preisfunktionen** sind die Allokationsfunktion, die Anreizfunktion, die Informationsfunktion, die Koordinierungsfunktion und die Markträumungsfunktion. Diese Funktionen kann der Preis allerdings nur erfüllen, wenn er sowohl nach oben als auch nach unten vollkommen flexibel ist.

- Die Allokationsfunktion des Preises beschreibt den Umstand, dass der Preis die endgültige Verteilung der Güter und der Produktionsfaktoren regelt. Die vorhandenen Produktionsfaktoren und die mit ihnen produzierten Güter werden so verteilt, dass sie den Konsumenten den größtmöglichen Nutzen stiften. So sind beispielsweise Anbieter von Gütern, die von den Konsumenten hoch geschätzt werden und für die die Konsumenten einen hohen Preis zahlen, in der Lage, höhere Faktorpreise zu zahlen. Dadurch werden die Produktionsfaktoren in die Branchen gelenkt, die diese Güter herstellen. So werden schließlich die Güter, die von den Konsumenten hoch geschätzt werden, in größerem Umfang hergestellt.
- Der Preis stellt für die Anbieter oder Eigentümer von Gütern einen Anreiz dar, Mengeneinheiten dieses Gutes auf dem Markt anzubieten. Wenn beispielsweise der Preis eines Gutes infolge einer größeren Nachfrage steigt, erhöht dies den Anreiz der Anbieter, mehr Einheiten dieses Gutes zu produzieren und auf dem Markt anzubieten. Zudem erhöht der steigende Preis bei den Eigentümern dieses Gutes den Anreiz, sich von ihren Gütern zu trennen und diese zu verkaufen. Im Ergebnis führt die Anreizfunktion des Preises also dazu, dass im Fall einer größeren Nachfrage diese auch durch ein steigendes Angebot befriedigt werden kann.
- Die Informationsfunktion des Preises beschreibt den Umstand, dass der Preis alle Marktteilnehmer mit den Informationen versorgt, die diese für ihre Entscheidungen benötigen. Hierzu gehört vor allem der Umstand, dass der Preis ein Knappheitsindikator ist. Ein steigender Preis ist ein Indikator dafür, dass es einen Nachfrageüberhang gibt. Dies bedeutet, dass nicht alle Konsumenten, die das Gut zu dem am Markt herrschenden Preis kaufen wollen, dieses Gut in der gewünschten Menge erwerben können. Das Angebot reicht nicht aus, um die Nachfragewünsche zu befriedigen. Der steigende Preis gibt den Anbietern die Information, dass eine Ausweitung des Angebots ökonomisch lohnend ist. Ein sinkender Preis ist hingegen ein Signal dafür, dass das Angebot zu groß ist und eine Reduzierung des Angebots ökonomisch sinn-

voll ist. Hohe bzw. steigende Preise signalisieren somit Knappheit, geringe bzw. sinkende Preise sind hingegen ein Signal für einen Überfluss.

- Die Koordinierungsfunktion des Preises beschreibt den Umstand, dass der Preis das Angebot und die Nachfrage so koordiniert, dass der Markt geräumt wird. Wenn die Anbieter z. B. ein Produkt herstellen, das nicht den Wünschen der Konsumenten entspricht, resultiert daraus ein Angebotsüberschuss. Der damit einhergehende Preisrückgang signalisiert den Anbietern, dass sie die Produktion dieses Gutes einschränken müssen. Damit werden die Produktions- und die Konsumpläne aufeinander abgestimmt.
- Die Markträumungsfunktion des Preises beschreibt den Umstand, dass der Preis das Angebot und die Nachfrage so koordiniert, dass der Markt geräumt wird. Es kommt zum Ausgleich der angebotenen und der nachgefragten Menge, d. h. es wird ein Marktgleichgewicht erreicht. Solange das Marktgleichgewicht noch nicht erreicht ist, finden Preisvariationen statt. Im Falle eines Angebotsüberschusses beispielsweise kommt es zu einem Preisrückgang, der zu einem Rückgang der angebotenen Gütermenge und zu einem Anstieg der nachgefragten Gütermenge führt. Die Preisänderungen finden so lange statt, bis der Angebotsüberschuss abgebaut ist und die angebotene Gütermenge mit der nachgefragten übereinstimmt.

Die **Vorteilhaftigkeit eines flexiblen Preises** im Allgemeinen und der Marktform der vollständigen Konkurrenz im Besonderen hängt allerdings von einer Reihe von Annahmen ab. Hierzu gehören vor allem:

- Der Umstand, dass die privaten Kosten von ökonomischen Entscheidungen (die Kosten, die ein einzelnes Wirtschaftssubjekt trägt) mit den sozialen Kosten dieser Entscheidung (die Kosten, die für die Gesellschaft, also die Summe aller Wirtschaftssubjekte, anfallen) identisch sind. Gleiches gilt für den privaten und den sozialen Nutzen.
- Eine Produktionstechnologie, mit der ein Anbieter bei Einhaltung der Bedingung für ein Gewinnmaximum im Fall der vollständigen Konkurrenz (Preis = Grenzerlös = Grenzkosten) in der Lage ist, durch den erzielten Erlös auch alle Kosten zu decken.
- Die Möglichkeit, dass Personen, die nicht bereit sind für den Konsum eines Gutes zu bezahlen, vom Konsum dieses Gutes ausgeschlossen werden können.
- Das Vorliegen von Markttransparenz. Diese ist gegeben, wenn alle Marktteilnehmer über sämtliche Informationen verfügen, die für das Marktgeschehen relevant sind. Hierzu gehören unter anderem die Informationen über die Produktqualität, die Kosten, die Anbieter und die Preise aller Anbieter.

Sind diese Annahmen nicht gegeben, kann es zu einem Marktversagen kommen. Die wichtigsten Fälle eines solchen Versagens werden im nächsten Schritt behandelt.

Lernfragen

Der Gleichgewichtspreis ist der Preis, ...

☐ bei dem Angebot und Nachfrage übereinstimmen.

☐ bei dem der Preis mit den Durchschnittskosten übereinstimmt.

Das Prinzip der Offenheit des Marktes besagt, dass ...

☐ alle Marktteilnehmer über alle relevanten Informationen verfügen.

☐ jeder, der will, als Anbieter oder Nachfrage auf dem Markt agieren darf.

☐ der Staat keine Zölle erhebt.

Das Gesetz von der Unterschiedslosigkeit des Preises besagt, dass ...

☐ der Preis eines Gutes im Zeitablauf konstant ist.

☐ es für ein homogenes Gut nur einen Preis auf dem Markt gibt.

☐ es für ein superiores Gut nur einen Preis auf dem Markt gibt.

Ein Markt unter vollständiger Konkurrenz zeichnet sich unter anderem dadurch aus, dass ...

☐ der Preis nie geringer als die Grenzkosten sein darf.

☐ es wenige Anbieter, aber viele Nachfrager gibt.

☐ der Preis nach oben und unten vollkommen flexibel ist.

Ein Angebotsüberschuss liegt vor, wenn beim herrschenden Preis ...

☐ die angebotene Gütermenge größer ist als die nachgefragte Gütermenge.

☐ die Zahl der Anbieter größer ist als die Zahl der Nachfrager.

☐ die nachgefragte Gütermenge größer ist als die angebotene Gütermenge.

Wenn es auf einem Markt einen Nachfrageüberhang gibt, ...

☐ sind einige Konsumenten bereit, einen höheren Preis zu zahlen.

☐ steigen die Produktionskosten.

Wenn auf einem Markt die Nachfrage nach einem Gut steigt, ...

☐ kommt es zu einem Angebotsüberschuss.

☐ steigt der Preis.

Das Gleichgewicht auf einem Markt unter vollständiger Konkurrenz zeichnet sich unter anderem dadurch aus, dass ...

☐ die Unternehmen einen Gewinn erzielen, weil der Preis über den Grenzkosten liegt.

☐ der Preis den Grenzkosten entspricht.

☐ der Preis unter den Durchschnittskosten liegt.

Wenn der technische Fortschritt die Produktionskosten senkt, kommt es auf einem Markt unter vollständiger Konkurrenz ...

☐ zu einer Verringerung der Anzahl der Anbieter.

☐ zu einer Zunahme des Güterangebots.

☐ zu einer Preissteigerung.

Wenn es auf einem Markt unter vollständiger Konkurrenz zu einem Nachfragerückgang kommt, ...

☐ steigen die Grenzkosten der Produktion.

☐ bleibt der Marktpreis konstant, während die gehandelte Gütermenge sinkt.

☐ sinken der Gleichgewichtspreis und die Gleichgewichtsmenge.

Ein Monopolist bietet im Vergleich zu einem Markt unter vollständiger Konkurrenz ...

☐ eine größere Gütermenge an.

☐ eine geringere Gütermenge an.

Ein nutzenmaximierender Monopson bestimmt die von ihm nachgefragte Gütermenge mit Hilfe der folgenden Entscheidungsregel:

☐ Die Grenzkosten entsprechen dem Grenzerlös.

☐ Die Grenzausgaben entsprechen den Grenzkosten.

☐ Die Grenzausgaben entsprechen dem Grenznutzen.

Im Marktgleichgewicht eines bilateralen Monopols liegt ...

☐ der Gleichgewichtspreis immer über dem Preis, der sich im Fall der vollständigen Konkurrenz einstellen würde.

☐ der Gleichgewichtspreis immer unter dem Preis, der sich im Fall der vollständigen Konkurrenz einstellen würde.

☐ die Gleichgewichtsmenge immer unter der Menge, die sich im Fall der vollständigen Konkurrenz einstellen würde.

Auf einem Oligopolmarkt treffen ...

☐ viele Anbieter auf wenige Nachfrager.

☐ viele Nachfrager auf wenige Anbieter.

☐ wenige Nachfrager auf einen Anbieter.

Die Reaktionsfunktion eines Duopolisten gibt im Fall eines homogenen Duopols an, wie dieser Duopolist seine angebotenen Menge an ...

☐ die angebotene Menge des anderen Duopolisten anpasst.

☐ eine Preissenkung des anderen Duopolisten anpasst.

☐ die geänderten Präferenzen der Nachfrager anpasst

Was ist eine zentrale Aufgabe der Koordinierungsfunktion des Preises? Dafür zu sorgen, dass ...

☐ der Markt geräumt wird.

☐ der Preis eines Gutes im Zeitablauf sinkt.

☐ die Konsumenten ihren Nutzen maximieren können.

Prüfungstipp

Wenn du die grundsätzliche Funktionsweise eines Marktes, also das Zusammenspiel von Angebot und Nachfrage verstanden hast, kannst du diese Erkenntnisse auf alle Märke anwenden. Dies hilft dir unter anderem, das Phänomen der Arbeitslosigkeit (Angebotsüberschuss auf dem Arbeitsmarkt) und das Steigen von Aktienkursen (Reaktion auf einen Nachfragüberhang) besser nachzuvollziehen. Egal, ob es sich um Gütermärkte, den Arbeitsmarkt, Devisenmärkte, Rohstoffmärkte, den Kreditmarkt oder den Markt für Vermögenswerte wie Aktien und Staatsanleihen handelt – die Funktionsweise aller Märkte ist stets die gleiche.

Schritt 7:
Marktversagen

Lernhinweise

Was erwartet mich in diesem Kapitel?

Von einem Marktversagen wird gesprochen, wenn die marktmäßige Koordination zu einem Ergebnis führt, das von dem Ergebnis auf einem Markt mit vollständiger Konkurrenz abweicht. In diesem Kapitel lernst du die wichtigsten Formen eines Marktversagens kennen.

Welche Schlagwörter lerne ich kennen?

■ negative externe Effekte ■ positive externe Effekte ■ steigende Skalenerträge ■ economies of scale ■ natürliches Monopol ■ öffentliche Güter ■ asymmetrische Informationen ■ adverse Selektion

Wofür benötige ich dieses Wissen?

Das Studium der verschiedenen Formen eines Marktversagens verdeutlicht die damit verbundenen Wohlfahrtsverluste. Um diese Wohlfahrtsverluste zu verringern bzw. im Idealfall sogar vollkommen zu beseitigen, sind staatliche Eingriffe in das Marktgeschehen erforderlich. Die Kenntnis von Marktversagen und deren Konsequenzen ist daher eine wichtige Voraussetzung, um Eingriffe des Staates in das Wirtschaftsleben zu begründen.

Von einem Marktversagen wird gesprochen, wenn die marktmäßige Koordination zu einem Ergebnis führt, das von dem Ergebnis auf einem Markt mit vollständiger Konkurrenz gewählt. Für ein Abweichen des Marktergebnisses von den Ergebnissen des Referenzmodells gibt es verschiedene Ursachen. Zu den wichtigsten zählen externe Effekte, steigende Skalenerträge, die Existenz von öffentlichen Gütern und asymmetrische Informationen.

Externe Effekte

Externe Effekte liegen vor, wenn die privaten Kosten einer ökonomischen Entscheidung nicht mit den sozialen Kosten dieser Entscheidung übereinstimmen oder wenn der private Nutzen der Entscheidung nicht mit dem sozialen Nutzen übereinstimmt.

Die privaten Kosten von ökonomischen Entscheidungen sind alle Kosten, die ein einzelnes Wirtschaftssubjekt trägt. Die sozialen Kosten sind hingegen die Kosten, die für die Gesellschaft – also die Summe aller Wirtschaftssubjekte – anfallen. Stimmen die privaten und die sozialen Kosten nicht überein, d. h. sind die sozialen Kosten höher als die privaten, liegen negative externe Effekte vor. Ein Beispiel für einen negativen externen Effekt ist die Umweltverschmutzung. Der private und der soziale Nutzen werden analog definiert. Ist der soziale Nutzen größer als der private, liegen positive externe Effekte vor. Ein Beispiel für einen positiven externen Effekt ist ein gepflegter Garten, an dem sich auch die Nachbarn des Eigentümers erfreuen.

Eigeninteressierte Wirtschaftssubjekte berücksichtigen bei ihren Entscheidungen lediglich die privaten Kosten und den privaten Nutzen. Dabei wird eine bestimmte Handlungsalternative ausgewählt, wenn der in Geldeinheiten berechnete Nutzen dieser Alternative größer ist als die Kosten. Den größten Nettonutzen erzielt ein Wirtschaftssubjekt, wenn die Grenzkosten dieser Entscheidung gleich dem Grenznutzen sind.

Das Ergebnis einer individuell rationalen Entscheidung ist aus gesamtwirtschaftlicher Sicht nur dann optimal, wenn das Wirtschaftssubjekt alle anfallenden Kosten und Nutzen berücksichtigt. Sobald die sozialen Kosten größer sind als die privaten, wird von nutzenmaximierenden Individuen eine Entscheidung getroffen, die aus gesellschaftlicher Sicht nicht optimal ist. Durch das Abwälzen eines Teils der gesamtwirtschaftlich anfallenden Kosten auf die Allgemeinheit wird ein eigeninteressiertes Individuum ein zu großes Aktivitätsniveau wählen. Die Auswirkungen der **negativen externen Effekte** lassen sich mit Hilfe der Abbildung 7.1 verdeutlichen. Dabei wird von einem positiven, aber abnehmenden sozialen Grenznutzen (GN) einer bestimmten Aktivität ausgegangen. Dies bedeutet, dass eine Ausweitung der Aktivität um eine Mengeneinheit zwar einen zusätzlichen gesamtwirtschaftlichen Nutzen schafft, dass dieser Nutzenzuwachs aber mit steigender Aktivitätsmenge (x) immer geringer wird. Hinsichtlich der privaten Grenzkosten (GK^{priv}) und der sozialen Grenzkosten (GK^{soz}) wird von positiven und steigenden Grenzkosten ausgegangen. Eigeninteressierte Individuen werden bei ihrer Entscheidung lediglich die privaten, nicht aber die sozialen Grenzkosten berücksichtigen. Deshalb entscheiden sie sich für ein Aktivitätsniveau ($x^{opt.,priv}$), das größer ausfällt als das aus gesamtwirtschaftlicher Sicht optimale Niveau ($x^{opt.,soz}$). Damit liegt ein Marktversagen vor. Dieses Marktversagen ist mit einem **Wohlfahrtsverlust** in Höhe der Fläche abc verbunden.

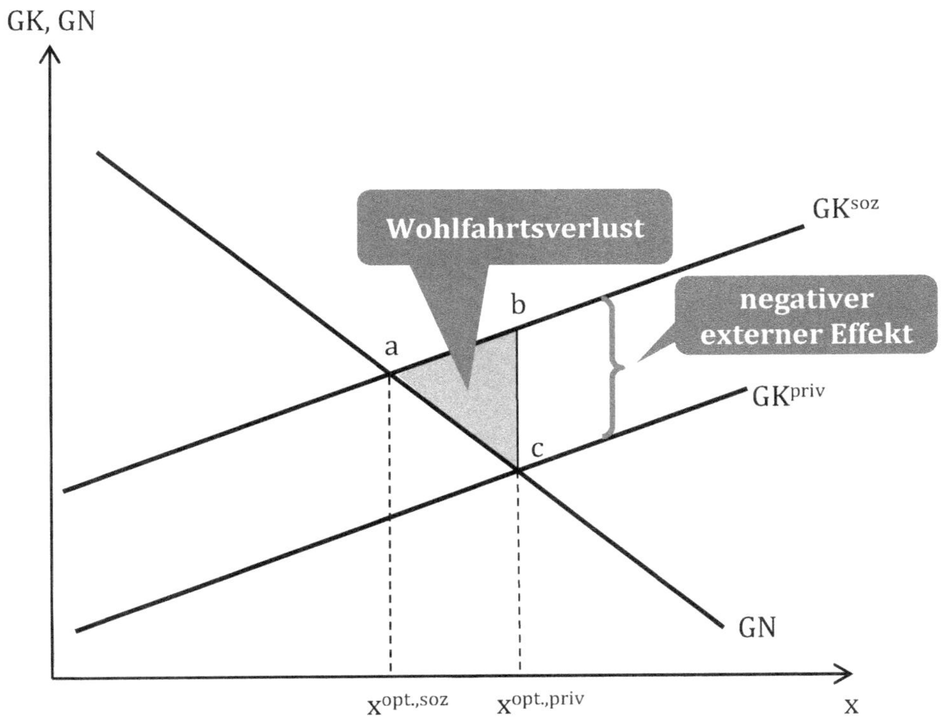

Abb. 7.1: Aktivitätsniveau und Wohlfahrtsverlust bei negativen externen Effekten

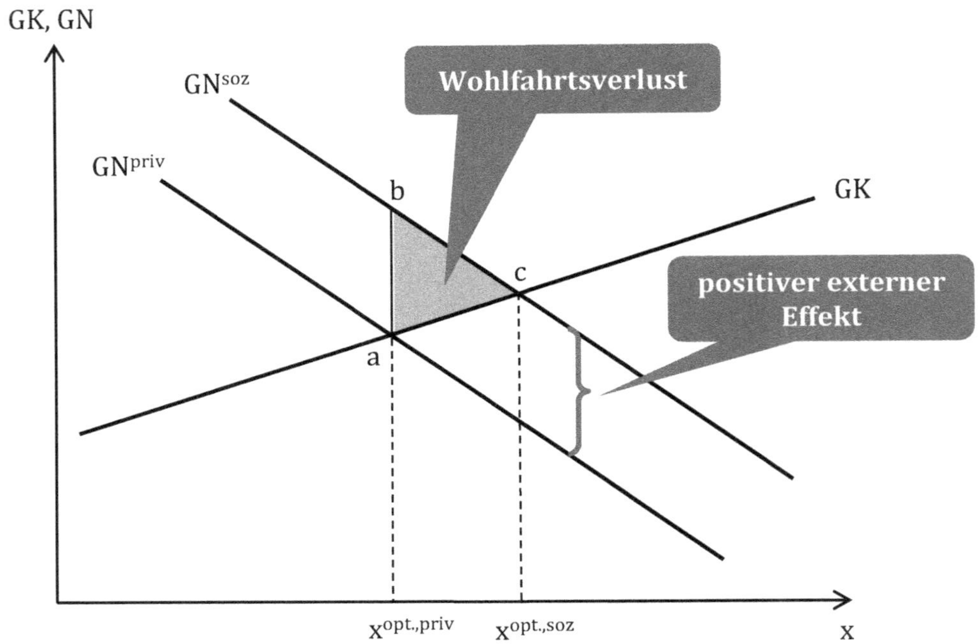

Abb. 7.2: Aktivitätsniveau und Wohlfahrtsverlust bei positiven externen Effekten

Auch im Fall von **positiven externen Effekten** kommt es zu einem Wohlfahrtsverlust. Dieser resultiert daraus, dass rational entscheidende Akteure ein Aktivitätsniveau wählen, das gemessen an den gesamtwirtschaftlichen Vorteilen zu gering ist. Die Auswirkungen der positiven externen Effekte lassen sich mit Hilfe der Abbildung 7.2 verdeutlichen. Eigeninteressierte Individuen werden bei ihrer Entscheidung lediglich den privaten, nicht aber den sozialen Grenznutzen berücksichtigen. Deshalb entscheiden sie sich für ein Aktivitätsniveau ($x^{opt.,priv}$), das geringer ausfällt als das aus gesamtwirtschaftlicher Sicht optimale Niveau ($x^{opt.,soz}$). Auch damit liegt ein Marktversagen vor, das wiederum mit einem **Wohlfahrtsverlust** in Höhe der Fläche abc verbunden.

Steigende Skalenerträge

Steigende Skalenerträge – auch economies of scale genannt – bedeuten sinkende Grenz- und Durchschnittskosten, wie in Schritt 4 unter der Überschrift „Angebotsfunktion eines gewinnmaximierenden Unternehmens" gezeigt wurde. Im Fall von sinkenden Grenz- und Durchschnittskosten, bei denen die Grenzkosten geringer sind als die Durchschnittskosten, führt das Verhalten eines gewinnmaximierenden Unternehmens auf einem Markt unter vollständiger Konkurrenz zu Verlusten. Dieses Verhalten bedeutet, dass ein Unternehmen die Gütermenge anbietet, bei der die Grenzkosten dem Marktpreis entsprechen. Bei steigenden

Skalenerträgen ist der Preis, der den Grenzkosten entspricht, dann aber geringer als die Durchschnittskosten (siehe Abbildung 7.3). Ein Unternehmen, das die gewinnmaximierende Verhaltensweise ‚Preis gleich Grenzkosten' anwendet, bietet die Menge x* zum Preis p* an. Der Erlös ist das Produkt aus abgesetzter Menge und erzieltem Preis, d. h. mit dieser Entscheidung ist ein Erlös in Höhe der Fläche 0p*Q*x* verbunden. Die Gesamtkosten ergeben sich aus der Multiplikation der Durchschnittskosten

$$\frac{C}{x}$$

mit der produzierten und abgesetzten Menge. Mit der Produktion der Menge x* sind daher Gesamtkosten verbunden, die der Fläche

$$0\,(\frac{C}{x})^*\,Q'x^*$$

entsprechen. Die Gesamtkosten sind somit größer als der Erlös, sodass ein **Verlust** in Höhe der Fläche

$$p^*\,(\frac{C}{x})^*\,Q'Q^*$$

entsteht. Wenn allerdings durch die Produktion und das Angebot einer bestimmten Gütermenge Verluste entstehen, wird ein Unternehmen nicht bereit sein, diese Güter auf dem Markt anzubieten.

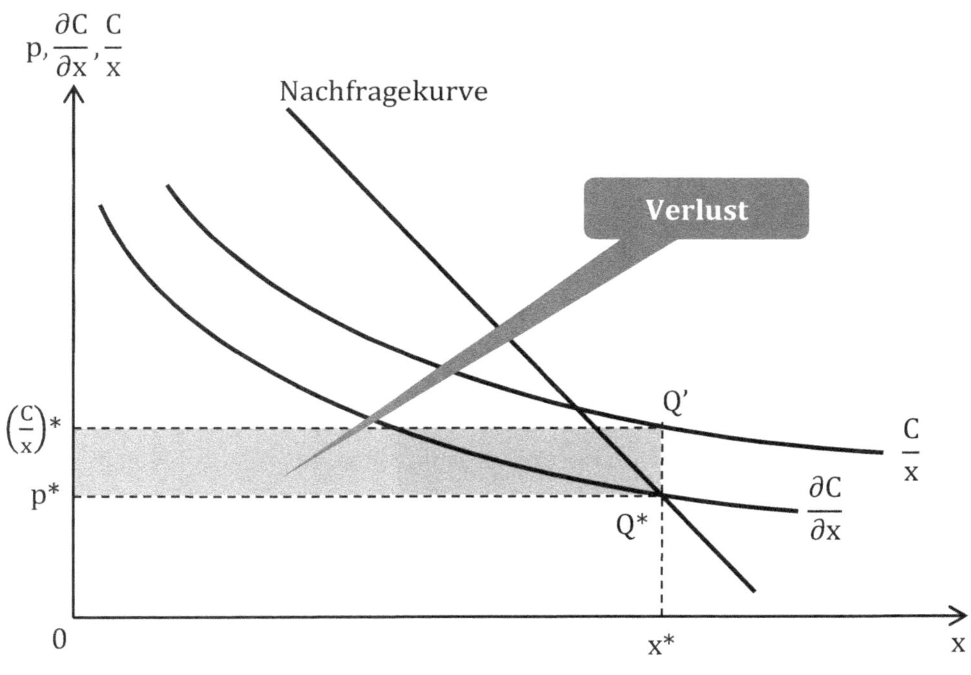

Abb. 7.3: Verluste eines Unternehmens im Fall steigender Skalenerträge

Die sinkenden Durchschnittskosten, die mit den steigenden Skalenerträgen verbunden sind, führen langfristig dazu, dass ein Unternehmen durch eine Ausweitung der Produktion alle Konkurrenten vom Markt drängen kann, die eine geringere Menge zu höheren Durchschnittskosten herstellen. Letztendlich dauert dieser Verdrängungsprozess so lange, bis nur noch ein Alleinanbieter übrig ist und die gesamte auf dem Markt absetzbare Gütermenge produziert. Dieser Alleinanbieter agiert dann wie jeder Monopolist und bietet im Vergleich zur vollständigen Konkurrenz eine geringere Menge des Gutes an, die er zu einem höheren Preis verkauft, was einen Wohlfahrtsverlust darstellt. Im Fall von steigenden Skalenerträgen bzw. economies of scale kommt es also durch die Ausnutzung von Massenproduktionsvorteilen zu der Herausbildung eines Monopolisten.

Das aus economies of scale bzw. sinkenden Durchschnittskosten resultierende Monopol wird als natürliches Monopol bezeichnet.

Öffentliche Güter

Ein privates Gut zeichnet sich im Wesentlichen dadurch aus, dass eine Rivalität im Konsum besteht, d. h. dass der Konsum eines Gutes durch eine Person alle anderen Personen vom Konsum dieses Gutes ausschließt. Beispiele für private Güter sind Nahrungsmittel. Ein **öffentliches Gut** zeichnet sich im Wesentlichen dadurch aus, dass keine Rivalität im Konsum besteht, d. h. dass der Konsum eines Gutes durch eine Person nicht alle anderen Personen vom Konsum dieses Gutes ausschließt. Beispiele für öffentliche Güter sind Radio- und Fernsehsendungen, Straßenlaternen oder die militärische Verteidigung. Ein reines öffentliches Gut zeichnet sich darüber hinaus dadurch aus, dass keine Person vom Konsum dieses Gutes ausgeschlossen werden kann – entweder weil der Ausschluss technisch nicht möglich ist (Sonnenlicht) oder weil er mit so hohen Kosten verbunden ist, dass er nicht zweckmäßig ist (Landstraßen).

Wegen der **fehlenden Ausschlussmöglichkeit** werden öffentliche Güter nicht auf einem Markt gehandelt, was sich wie folgt erklären lässt: Jeder potenzielle Konsument steht vor der Entscheidung, entweder seine Präferenzen bezüglich der Bereitstellung eines öffentlichen Gutes offen zu legen und sich an dessen Finanzierung zu beteiligen oder die Präferenzen zu verbergen, sich nicht an der Finanzierung zu beteiligen und darauf zu vertrauen, dass andere Personen das öffentliche Gut finanzieren, ohne die nicht zahlenden Personen anschließend von der Nutzung dieses Gutes ausschließen zu können. Die individuell beste Lösung ist die Bereitstellung des Gutes und Finanzierung durch andere, die zweitbeste ist die Finanzierung durch alle Beteiligten, die drittbeste ist der Verzicht auf das Gut und die schlechteste Lösung besteht schließlich aus der alleinigen Finanzierung des öffentlichen Gutes, das dann auch von denen genutzt werden kann, die sich an der Finanzierung nicht beteiligt haben. Individuell rational handelnde Personen entscheiden sich dafür, ihre Präferenzen für das Gut zu verbergen, sodass für alle Beteiligten nur die drittbeste Situation – also der Verzicht auf die Bereitstellung des Gutes – eintritt.

Im Ergebnis führt das individuell rationale Verhalten im Fall öffentlicher Güter also dazu, dass dieses Gut von keinem Unternehmen angeboten wird, weil sich kein Konsument findet, der bereit ist, etwas für das Angebot dieses Gutes zu bezahlen.

Asymmetrische Informationen

Nach den theoretischen Überlegungen der vollständigen Konkurrenz führt der Preismechanismus zu einem Ausgleich von Angebot und Nachfrage, bei dem die gesellschaftliche Wohlfahrt – definiert durch die Summe aus Konsumenten- und Produzentenrente – maximiert wird. Darüber hinaus werden im Fall der vollständigen Konkurrenz Güter von schlechter Qualität vom Markt verdrängt, weil der Markt nur gute Leistungen belohnt. Daher setzen sich die Güter mit einer hohen Qualität durch und verdrängen die qualitativ minderwertigen Güter, sodass letztere vom Markt verschwinden. Voraussetzung hierfür sind eine Reihe von Annahmen, zu denen unter anderem die Annahme der vollkommenen Information gehört. Diese Annahme verlangt, dass alle Marktteilnehmer vollständig und kostenlos über die Qualität der gehandelten Güter informiert sind. In der Realität ist die Annahme der vollständigen Information jedoch nicht immer erfüllt. Stattdessen liegen häufig **Informationsasymmetrien** vor, bei denen eine der beiden Marktseiten besser über die Qualität des betreffenden Gutes informiert ist als die andere. Wenn Informationen asymmetrisch verteilt sind, kann dies zu einem Marktversagen führen. Das Marktversagen äußert sich darin, dass nicht die Güter mit einer geringen Qualität vom Markt verdrängt werden, sondern dass sich die schlechte Qualität durchsetzt und die qualitativ hochwertigen Güter vom Markt verschwinden. Dieses Phänomen widerspricht dem Selektionsmechanismus der vollständigen Konkurrenz und wird daher als **adverse Selektion** bezeichnet.

Das Problem der adversen Selektion lässt sich am Beispiel des Marktes für Gebrauchtwagen verdeutlichen. Die Informationsasymmetrie besteht darin, dass nur die Eigentümer – also die Verkäufer – der Gebrauchtwagen deren wahre Qualität kennen. Die Käufer sind ohne hohe Informationskosten nicht in der Lage, einen gut erhaltenen Gebrauchtwagen von einem Wagen schlechter Qualität zu unterscheiden. Die Käufer wissen lediglich, dass es Gebrauchtwagen von verschiedenen Qualitäten gibt, ohne einen einzelnen Wagen der betreffenden Qualität zuordnen zu können. Zudem kennen sie die Qualitätsverteilung des Gebrauchtwagenmarktes. Geht man vereinfachend von fünf Qualitätsgruppen und einer Gleichverteilung der Qualität aus, lässt sich der Markt für Gebrauchtwagen aus Sicht der Käufer wie folgt beschreiben (siehe Abbildung 7.4).

Qualitätsgruppe	Wert des Gebrauchtwagens	Anteil an allen Gebrauchtwagen
1. (beste Qualität)	500,– Euro	20 %
2.	400,– Euro	20 %
3.	300,– Euro	20 %
4.	200,– Euro	20 %
5. (schlechteste Qualität)	100,– Euro	20 %

Abb. 7.4: Markt für Gebrauchtwagen in der Ausgangssituation

Die Käufer werden in dieser Situation beim Kauf eines Gebrauchtwagens von einer durchschnittlichen Qualität ausgehen und deshalb maximal bereit sein, den entsprechenden Preis hierfür zu bezahlen, denn auf die Dauer und im Durchschnitt werden sie dadurch eine dem Preis entsprechende Qualität erwerben. Auf dem beschriebenen Markt für Gebrauchtwagen stellt die dritte Qualitätsgruppe die durchschnittliche Qualität dar, sodass normal informierte Käufer bereit sind, maximal einen Preis von 300,- Euro für einen angebotenen Gebrauchtwagen zu zahlen. Alternativ lässt sich der Preis, den ein Käufer zu zahlen bereit ist, auch über den Erwartungswert für den Wert eines Gebrauchtwagens berechnen. Dieser Erwartungswert liegt im hier behandelten Beispiel bei: $0{,}2 \cdot (500 + 400 + 300 + 200 + 100) = 300$,- Euro.

Bei diesem Gleichgewichtspreis werden jedoch die Besitzer von Gebrauchtwagen der ersten und der zweiten Qualität nicht bereit sein, ihren Wagen zu verkaufen. Wegen des Informationsvorsprungs wissen sie, dass der tatsächliche Wert ihres Autos über dem Gleichgewichtspreis von 300,- Euro liegt. Bei diesem Marktpreis würden sie einen Verlust erleiden und ihr Angebot folglich vom Markt nehmen. Nur die Verkäufer von Autos der drei schlechteren Qualitätsgruppen sind bereit, ihren Wagen für den Marktpreis von 300,- Euro zu verkaufen. Damit aber ändert sich die durchschnittliche Qualität der Gebrauchtwagen auf dem Markt. Durch das Verschwinden der Wagen mit der besten und der zweitbesten Qualität werden nur noch drei Qualitätsgruppen angeboten (siehe Abbildung 7.5).

Qualitätsgruppe	Wert des Gebrauchtwagens	Anteil an allen Gebrauchtwagen
3.	300,– Euro	33,33 %
4.	200,– Euro	33,33 %
5. (schlechteste Qualität)	100,– Euro	33,33 %

Abb. 7.5: Markt für Gebrauchtwagen nach Ausscheiden der beiden besten Qualitäten

Die Käufer nehmen die geänderte Qualitätsstruktur wahr und revidieren ihre Vorstellungen von einer durchschnittlichen Qualität bzw. vom Erwartungswert über den tatsächlichen Wert eines Gebrauchtwagens. Nach dem Verschwinden der ersten beiden Qualitätsgruppen werden die Käufer jetzt nur noch bereit sein, einen Preis von maximal 200,- Euro zu zahlen. Angesichts dieses neuen Marktpreises nehmen die Besitzer der Wagen mit der drittbesten Qualität ihr Angebot vom Markt. Auf dem Markt werden somit nur noch Autos der beiden schlechteren Qualitätsgruppen angeboten, was zu einem Marktpreis von $0{,}5 \cdot 200 + 0{,}5 \cdot 100 = 150$,- Euro führt. Dieser Preis lässt die Gebrauchtwagen der viertbesten Qualität vom Markt verschwinden, sodass schließlich nur noch die Autos der schlechtesten Qualität angeboten werden. Der Marktpreis entspricht dann der durchschnittlichen – sprich einzigen – Qualität bzw. dem Erwartungswert von 100,- Euro. Im Ergebnis hat das Vorliegen von asymmetrischen Informationen über die konkrete Qualität der einzelnen angebotenen Gebrauchtwagen dazu geführt, dass die Wagen mit einer guten Qualität vom Markt verdrängt worden sind und sich stattdessen die schlechteste Qualität durchgesetzt hat. Der Markt hat in dem Sinne versagt, dass es ihm nicht gelungen ist, gute Angebote oder Leistungen zu belohnen. Zudem ist der Markt für Gebrauchtwagen von höherer Qualität, also der Qualitätsgruppen 1 bis 4, zusammengebrochen bzw. gar nicht erst entstanden.

7

Konsequenzen für die Markt- und Preistheorie

Ein Marktversagen liegt, wie eingangs definiert, immer dann vor, wenn das erreichte Marktergebnis von dem Resultat abweicht, das im Fall der vollständigen Konkurrenz erreicht werden würde. Das Abweichen von dem Resultat dieses Referenzmodells hat seine Ursachen letztendlich darin, dass die Annahmen des Modells der vollständigen Konkurrenz nicht gegeben sind. Zu diesen Annahmen gehören u. a. die Identität von privaten und sozialen Kosten, die Identität von privatem und sozialem Nutzen, eine Produktionstechnologie mit konstanten oder sinkenden Skalenerträgen, Güter mit Rivalität im Konsum und mit der Möglichkeit diejenigen vom Konsum auszuschließen, die sich nicht an der Finanzierung des Gutes beteiligen, und schließlich die Annahme der vollständigen Information.

Mit dem Marktversagen ist ein Wohlfahrtsverlust verbunden. Wenn es das Ziel einer Gesellschaft ist, die gesamtgesellschaftliche Wohlfahrt – definiert als Summe aus Konsumenten- und Produzentenrente – zu maximieren, dann ist im Fall eines Marktversagens ein Eingriff in das Marktgeschehen erforderlich. Ziel dieses Eingriffs ist es, trotz der fehlenden Voraussetzungen für einen Markt mit vollständiger Konkurrenz dennoch ein Ergebnis zu realisieren, das dem Gleichgewicht der vollständigen Konkurrenz entspricht. Einige der genannten Instrumente, die für die Preisbildung eine besonders große Bedeutung haben, werden im nachfolgenden Kapitel näher analysiert.

Lernfragen

Umweltverschmutzung ist ein Beispiel für ...

☐ positive externe Effekte.

☐ negative externe Effekte.

☐ öffentliche Güter.

Bei einem Gut mit einem positiven externen Effekt ist die Gleichgewichtsmenge, die sich auf dem Markt ohne einen staatlichen Eingriff ergibt ...

☐ größer als die Menge, die aus gesamtwirtschaftlicher Sicht optimal ist.

☐ kleiner als die Menge, die aus gesamtwirtschaftlicher Sicht optimal ist.

Bei einem Gut mit einem positiven externen Effekt ist der Gleichgewichtspreis, der sich auf dem Markt ohne einen staatlichen Eingriff ergibt ...

☐ größer als der Preis, der aus gesamtwirtschaftlicher Sicht optimal ist.

☐ kleiner als der Preis, der aus gesamtwirtschaftlicher Sicht optimal ist.

Bei einem Gut mit einem negativen externen Effekt sind ...

☐ die privaten Kosten geringer als die gesellschaftlichen Kosten.

☐ die privaten Kosten geringer als der gesellschaftliche Nutzen.

☐ die privaten Kosten höher als der gesellschaftliche Nutzen.

Bei steigenden Skalenerträgen kommt es zu einem ...

☐ dauerhaften Angebotsüberschuss.

☐ dauerhaften Anstieg des Marktpreises.

☐ natürlichen Monopol.

Bei economies of scale ...

☐ sinken die Grenzkosten mit steigender Produktionsmenge.

☐ steigen die Grenzkosten mit steigender Produktionsmenge.

Ein öffentliches Gut zeichnet sich unter anderem dadurch aus, dass ...

☐ keine Person vom Konsum dieses Gutes ausgeschlossen werden kann.

☐ es keinen Preis hat.

Wenn ein öffentliches Gut privatwirtschaftlich angeboten wird, ...

☐ würden die privaten Anbieter einen zu hohen Preis fordern.

☐ würden die Nachfrager nicht bereit sein, einen Preis für dieses Gut zu zahlen.

Bei welchem dieser Produkte ist eine adverse Selektion am wahrscheinlichsten?

☐ Versicherung

☐ Erdöl

☐ Landesverteidigung

Im Fall der asymmetrischen Informationen ...

☐ können Anbieter ihren Informationsvorsprung ausnutzen und höhere Preise fordern.

☐ verschwinden die Produkte von hoher Qualität vom Markt.

☐ kommt es zu sinkenden Grenzkosten.

Prüfungstipp

Die geschilderten Formen des Marktversagens machen deutlich, dass die Überlegenheit einer Koordination von wirtschaftlichen Aktivitäten durch den Markt – also eine freie Marktwirtschaft ohne staatliche Interventionen – von zahlreichen Voraussetzungen abhängt. Nur wenn diese Voraussetzungen allesamt erfüllt sind, kann der Markt die gesellschaftliche Wohlfahrt maximieren. In der Realität sind diese Voraussetzungen jedoch nicht immer gegeben. Privatwirtschaftliche Aktivitäten führen dann jedoch zu einem Ergebnis, das mit Wohlfahrtsverlusten für die Gesellschaft als Ganzes verbunden ist. In diesen Fällen ist ein staatlicher Eingriff erforderlich. Die Forderung, der Staat möge sich aus wirtschaftlichen Aktivitäten grundsätzlich heraushalten, ist daher kritisch zu hinterfragen.

Schritt 8:
Markteingriffe

Lernhinweise

Was erwartet mich in diesem Kapitel?

Ein Markteingriff liegt vor, wenn die freie Preisbildung am Markt beeinträchtigt wird. In diesem Kapitel lernst du drei Formen von Markteingriffen und deren Konsequenzen kennen: Steuern, Subventionen sowie ein Eingriff in die freie Preisbildung durch Höchst- und Mindestpreise.

Welche Schlagwörter lerne ich kennen?

■ marktkonformer Eingriff ■ Mengensteuer ■ Subvention ■ Höchstpreis ■ Mindestpreis

Wofür benötige ich dieses Wissen?

In der wirtschaftlichen Realität greift der Staat auf vielfältige Weisen in das Marktgeschehen ein, vor allem durch Steuern und Subventionen. Derartige Eingriffe haben Einfluss auf den Preis, das Volumen der angebotenen und nachgefragten Gütermengen und die gesellschaftliche Wohlfahrt. Kenntnisse dieser Konsequenzen sind notwendig, um über die Vorteilhaftigkeit solcher Eingriff sinnvoll diskutieren zu können.

Ein Markteingriff liegt vor, wenn die freie Preisbildung am Markt beeinträchtigt bzw. verhindert wird. Es kann dabei zwischen marktkonformen und nichtmarktkonformen Eingriffen unterschieden werden. Im Folgenden sollen drei Formen von Markteingriffen untersucht werden, die für die Preisbildung besonders bedeutsam sind: Steuern, Subventionen sowie ein Eingriff in die freie Preisbildung durch Höchst- und Mindestpreise.

Ein marktkonformer Eingriff ermöglicht die Funktionsfähigkeit des Marktes. Beispiel hierfür ist ein Eingriff bei negativen externen Effekten in Form einer Steuer, die genau der Differenz zwischen den sozialen und den privaten Kosten entspricht. Ein nichtmarktkonformer Eingriff stört hingegen die Funktionsfähigkeit des Marktes. Beispiel hierfür ist ein Höchstpreis, der zu einem dauerhaften Nachfrageüberhang führt und damit unter anderem die Koordinierungs- und die Markträumungsfunktion des Preises außer Kraft setzt.

Steuern

Die Auswirkungen einer Steuer auf die Preisbildung werden am Beispiel einer **Mengensteuer** untersucht. Wird auf ein bestimmtes Gut eine Steuer in Form eines Steuerbetrags (t) erhoben, so treibt diese Steuer einen Keil zwischen den Preis, den die Anbieter für eine Einheit dieses Gutes erhalten (Produzentenpreis = p), und den Preis, den die Nachfrager für eine Einheit dieses Gutes zahlen müssen (Konsumentenpreis = p + t). In einem Preis-Mengen-Diagramm hat die Existenz von zwei Preisen zur Folge, dass die Nachfrage vom Preis (p + t) abhängt, das Angebot aber vom Preis p. Um nun einen Schnittpunkt zwischen der Angebotskurve und der Nachfragekurve zu erhalten, müssen beide Kurven so umformuliert werden, dass entweder die Nachfrage auch vom Produzentenpreis p abhängt oder das Angebot in Abhängigkeit vom Konsumentenpreis (p + t) dargestellt wird. Wird beispielsweise die Nachfrage in Abhängigkeit vom Produzentenpreis p dargestellt, muss die Nachfragekurve um den Steuerbetrag t nach unten verschoben werden (siehe Abbildung 8.1). Im Vergleich zu der Situation, in der es zu einem Schnittpunkt der ursprünglichen Angebots- und Nachfragekurve kommt, wird nun eine geringere Menge am Markt gehandelt. Diese Gleichgewichtsmenge x^* wird zum Gleichgewichtspreis $(p + t)^*$ verkauft. Da der Staat jedoch einen Teil des Verkaufs- bzw. Bruttopreises beansprucht, erhalten die Anbieter lediglich den Nettopreis p^*.

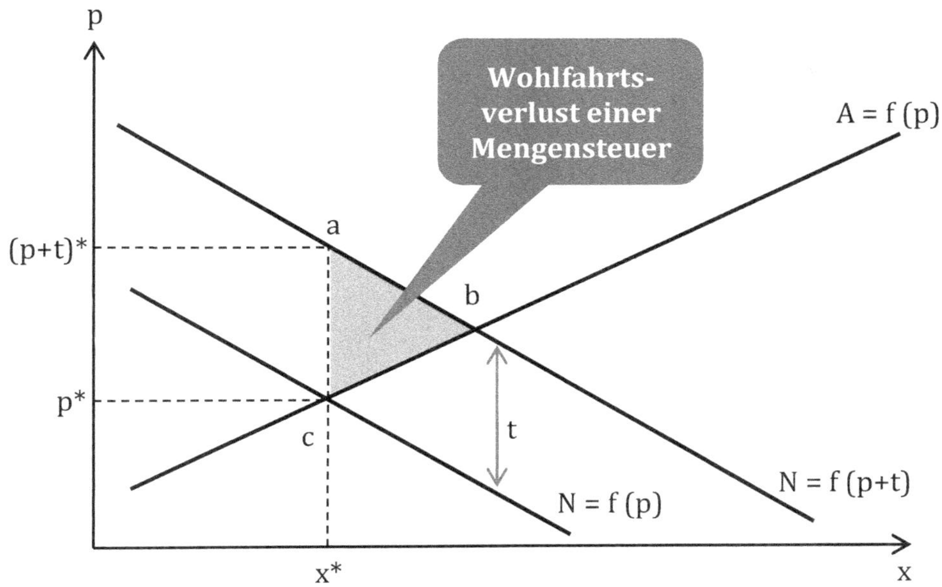

Abb. 8.1: Konsequenzen einer Mengensteuer auf ein Gut

Mit der Mengensteuer ist zudem ein **Wohlfahrtsverlust** verbunden. Im Vergleich zum Schnittpunkt der ursprünglichen Angebots- und Nachfragekurve können die Konsumenten nur eine geringere Menge konsumieren, für die sie zudem einen höheren Preis zahlen müssen. Dies verringert die Konsumentenrente. Gleichzeitig können die Produzenten nur eine geringere Menge verkaufen, für die sie zudem einen geringeren Preis erhalten. Dies verringert die Produzentenrente. Diese Verringerung der Konsumenten- und Produzentenrente wird jedoch zum Teil durch die Steuereinnahmen kompensiert. Das Steueraufkommen ergibt sich aus der Multiplikation der abgesetzten Gütermenge (x*) und der Steuer je Mengeneinheit (t). Das Steueraufkommen entspricht der Fläche p*ca(p+t)*. Per Saldo ist die Summe aus Konsumentenrente, Produzentenrente und Steueraufkommen jedoch geringer als die ursprüngliche Summe aus Konsumenten- und Produzentenrente. Der damit verbundene Wohlfahrtsverlust entspricht der Fläche abc. Dieser Wohlfahrtsverlust wird auch als Zusatzlast der Besteuerung oder Harberger Dreieck bezeichnet. Der Wohlfahrtsverlust zeigt, dass es sich bei diesem Markteingriff um einen nichtmarktkonformen Eingriff handelt, der die Funktionsfähigkeit des Marktes stört.

Eine Steuer kann aber auch ein marktkonformer Eingriff sein, der die Funktionsfähigkeit des Marktes ermöglicht bzw. sicherstellt. Ein Beispiel hierfür ist eine Steuer bei negativen externen Effekten. **Negative externe Effekte** liegen vor, wenn die privaten Kosten einer ökonomischen Entscheidung nicht mit den sozialen Kosten dieser Entscheidung übereinstimmen, d. h. wenn die sozialen Kosten höher sind als die privaten Kosten. Eigeninteressierte Individuen berücksichtigen bei ihrer Entscheidung lediglich die privaten, nicht aber die sozialen Kosten. Deshalb entscheiden sie sich für ein Aktivitätsniveau, das größer ausfällt als das aus gesamtwirtschaftlicher Sicht optimale Niveau (siehe Abbildung 7.1 im vorherigen Kapitel). Wenn nun eine Steuer erhoben wird, die genau der Differenz zwischen den sozialen und den privaten Kosten entspricht, so sind die Kosten, die ein gewinnmaximierender Anbieter berücksichtigen muss, genauso hoch wie die sozialen Kosten. Für einen gewinnmaximierenden Anbieter gelten im Fall der vollständigen Konkurrenz dann die folgenden Zusammenhänge:

- Angeboten wird die Gütermenge, bei der die privaten Grenzkosten (GK^{priv}) mit dem privaten Grenzerlös übereinstimmen.
- Im Fall der vollständigen Konkurrenz ist der Grenzerlös eine gegebene und konstante Größe, die mit dem am Markt herrschenden Preis (p) übereinstimmt.
- Der Preis entspricht der marginalen bzw. maximalen Zahlungsbereitschaft der Konsumenten, und diese ist wiederum identisch mit dem Grenznutzen (GN), den die Konsumenten durch den Konsum erzielen können.
- Ohne eine Steuer bieten die Unternehmen die Gütermenge an, bei der die privaten Grenzkosten mit dem Grenzerlös übereinstimmen, wobei der Grenzerlös wiederum mit dem Grenznutzen identisch ist ($GK^{priv} = p = GN$).
- Im Fall einer Steuererhebung bieten die Unternehmen die Gütermenge an, bei der die privaten Grenzkosten zuzüglich des zu zahlenden Steuerbetrags (t) mit dem Grenzerlös bzw. dem Grenznutzen übereinstimmen ($GK^{priv} + t = p = GN$).

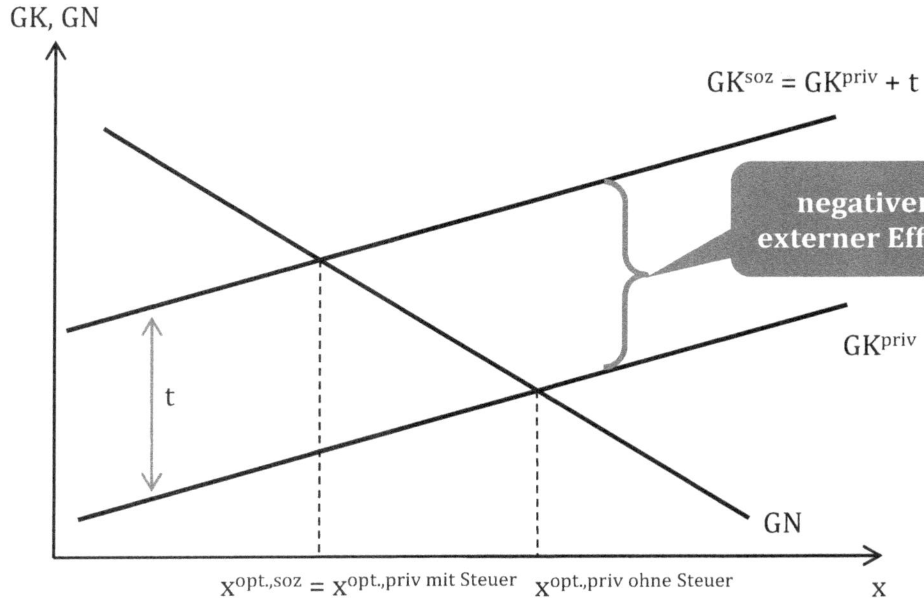

Abb. 8.2: Aktivitätsniveaus bei negativen externen Effekten ohne und mit Besteuerung

Wird nun die Höhe des Steuerbetrags t so ausgewählt, dass t der Differenz zwischen den sozialen und den privaten Grenzkosten entspricht, gilt schließlich folgende Identität: $GK^{priv} + t = GK^{soz} = p = GN$. Damit wird dann genau das Gütervolumen produziert und konsumiert, das auch aus gesamtwirtschaftlicher Sicht optimal ist (siehe Abbildung 8.2).

Subventionen

Die Auswirkungen einer Subvention auf die Preisbildung können am Beispiel einer **Mengensubvention** untersucht werden. Wird die Produktion eines Gutes mit einer Subvention in Form eines bestimmten Betrags (s) pro Mengeneinheit subventioniert, so treibt diese Subvention einen Keil zwischen den Preis, den die Nachfrager für eine Einheit des Gutes bezahlen müssen (Konsumentenpreis = p) und den Preis, den die Anbieter für eine Einheit dieses Gutes erhalten (Produzentenpreis = p + s). Die Subvention wirkt also für die Anbieter wie eine zusätzliche Einnahme. Eine alternative Erklärung ist die folgende: Gewinnmaximierende Unternehmen bieten die Menge eines Gutes an, bei der die Grenzkosten der Produktion mit dem am Markt erzielbaren Preis übereinstimmen. Die Angebotskurve des Unternehmens entspricht somit der Grenzkostenkurve. Der Produzentenpreis stimmt folglich mit den Grenzkosten der Produktion überein. Diese Überlegung gilt auch für den gesamten Markt, d. h. die Marktangebotskurve ist identisch mit der Kurve der gesamtwirtschaftlichen Grenzkosten der Produktion. Daher gilt:

$$(8.1)\ \frac{\partial C}{\partial x} = p + s$$

So gesehen, wirkt die Subvention wie eine Reduzierung der tatsächlich anfallenden Produktionskosten. Dadurch, dass der Staat einen Teil der Produktionskosten übernimmt, könnnen die Unternehmen das Gut zu einem geringeren Preis als den anfallenden Grenzkosten der Produktion anbieten. Aus Sicht der Volkswirtschaft gelten deshalb die folgenden Zusammenhänge: Konsumentenpreis = gesamtwirtschaftliche Grenzkosten der Produktion – Subventionsbetrag.

So wie bei einer Steuer hat daher auch eine Subvention die Konsequenz, dass es auf dem Markt zwei Preise gibt. In einem Preis-Mengen-Diagramm hat die Existenz von zwei Preisen zur Folge, dass die Nachfrage vom Konsumentenpreis p abhängt, das Angebot aber vom Produzentenpreis (p + s), der wiederum mit den Grenzkosten der Produktion übereinstimmt. Um nun einen Schnittpunkt zwischen der Angebotskurve und der Nachfragekurve zu erhalten, müssen beide Kurven so umformuliert werden, dass entweder die Nachfrage auch vom Produzentenpreis (p + s) abhängt oder das Angebot in Abhängigkeit vom Konsumentenpreis p dargestellt wird. Wird beispielsweise das Angebot in Abhängigkeit vom Konsumentenpreis p dargestellt, muss die Angebotskurve um den Subventionsbetrag s nach unten verschoben werden (siehe Abbildung 8.3). Im Vergleich zu der Situation, in der es zu einem Schnittpunkt der ursprünglichen Angebots- und Nachfragekurve kommt, wird nun eine größere Menge am Markt gehandelt. Diese Gleichgewichtsmenge x* wird zum Gleichgewichtspreis p* verkauft. Da der Staat den Anbietern jedoch pro verkaufter Gütereinheit noch eine Subvention zahlt, erhalten die Anbieter einen höheren Nettostückerlös (p + s)*.

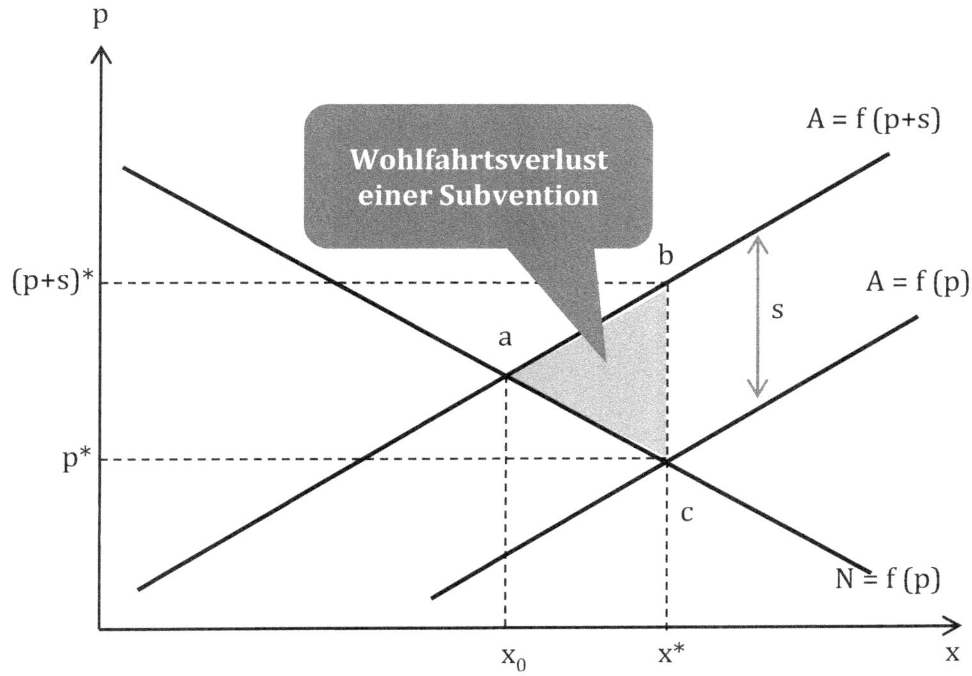

Abb. 8.3: Konsequenzen einer Subvention auf ein Gut

Die Zahlung einer Subvention ist, so wie auch die Erhebung einer Steuer, mit einem Wohlfahrtsverlust verbunden. Dieser resultiert daraus, dass jetzt – im Vergleich zur Situation auf einem Markt mit vollständiger Konkurrenz ohne Subvention – eine größere Menge des Gutes angeboten wird. Im Fall ohne Subvention ergibt sich das Marktgleichgewicht durch den Schnittpunkt der Nachfragekurve N = f (p) mit der Angebotskurve bzw. der Kurve der gesamtwirtschaftlichen Grenzkosten, also mit der Angebotskurve A = f (p+s). Die Gleichgewichtsmenge ist folglich die Menge x_0. Die Ausweitung der Produktion auf die Menge x* hat zur Folge, dass die gesamtwirtschaftlichen Produktionskosten zunehmen. Weil die Angebotskurve mit der volkswirtschaftlichen Grenzkostenkurve übereinstimmt, stellt die Fläche unter der Grenzkostenkurve die Höhe der Gesamtkosten dar. Die Ausweitung der Produktionsmenge auf x* ist daher mit zusätzlichen gesamtwirtschaftlichen Kosten in Höhe der Fläche $x_0$abx* verbunden. Daneben ist zu beachten, dass die Ausweitung des Konsums auf die Menge x* auch einen Nutzenzuwachs zur Folge hat. Weil die Nachfragekurve mit der Kurve der marginalen bzw. maximalen Zahlungsbereitschaft übereinstimmt, lässt sich der in Geldeinheiten ausgedrückte Gesamtnutzen, den die Haushalte aus dem Konsum einer bestimmten Gütermenge ziehen, durch die Fläche unterhalb der Nachfragekurve angeben. Die Ausweitung der konsumier-

8

ten Gütermenge auf x* ist daher mit einem zusätzlichen gesamtwirtschaftlichen Nutzen in Höhe der Fläche $x_0$acx* verbunden.

Per Saldo ergibt sich damit ein gesamtwirtschaftlicher **Wohlfahrtsverlust**. Die Ausweitung der Produktion führt zu einer Erhöhung der volkswirtschaftlichen Kosten um die Fläche $x_0$abx*. Dieser Kostenerhöhung steht ein höherer volkswirtschaftlichen Nutzen gegenüber, der der Fläche $x_0$acx* entspricht. Der Nutzenzuwachs ist jedoch geringer als der Kostenzuwachs. Die Differenz zwischen zusätzlichen Kosten und zusätzlichem Nutzen – und damit der Wohlfahrtsverlust – entspricht der Fläche abc.

Allerdings ist es auch im Fall von Subventionen möglich, durch die Zahlung einer Subvention eine Erhöhung der Wohlfahrt zu erreichen. Ein Beispiel dafür ist die Zahlung einer Subvention im Fall positiver externer Effekte. **Positive externe Effekte** liegen vor, wenn der private Nutzen einer ökonomischen Entscheidung geringer ist als der soziale Nutzen. Eigeninteressierte Konsumenten berücksichtigen bei ihrer Entscheidung lediglich den privaten, nicht aber den sozialen Nutzen. Deshalb entscheiden sie sich für ein Konsumniveau, das geringer ausfällt als das aus gesamtwirtschaftlicher Sicht optimale Niveau (siehe Abbildung 7.2 im vorherigen Kapitel). Wenn den Konsumenten nun eine Subvention gezahlt wird, die genau der Differenz zwischen dem sozialen und dem privaten Nutzen entspricht, so fragen die Konsumenten das Gütervolumen nach, das auch aus gesamtwirtschaftlicher Sicht optimal ist.

Höchst- und Mindestpreise

> Ein Höchstpreis ist ein gesetzlich festgelegter Preis, der unter dem Gleichgewichtspreis liegt, der sich auf dem Markt ohne diesen Markteingriff ergeben würde. Ein Höchstpreis darf unterschritten, aber nicht überschritten werden.

Ziel des Höchstpreises ist es, die Konsumenten vor zu hohen Preisen zu schützen. Zu hohe Preise könnten sich z. B. einstellen, wenn infolge einer Missernte, einer Naturkatastrophe oder eines Krieges die Nahrungsmittelproduktion einbricht. Auch ein rascher Anstieg der Nachfrage bei Gütern, deren Produktion längere Zeit in Anspruch nimmt (z. B. Wohnraum), kann Auslöser für die Einführung eines Höchstpreises sein. Der Höchstpreis (p^H) führt zu einem Nachfrageüberhang (siehe Abbildung 8.4). Da der Höchstpreis nicht überschritten werden darf, kann der Nachfrageüberhang nicht durch eine Preissteigerung abgebaut werden, sodass der Nachfrageüberhang dauerhaft ist. Dies bedeutet, dass nicht alle Nachfrager zum Zuge kommen und das betreffende Gut erwerben können. Die Konsumenten haben daher einen Anreiz, den Höchstpreis zu umgehen, indem sich beispielsweise ein Schwarzmarkt für das betreffende Gut bildet oder andere Zahlungsformen gewählt werden, z. B. Bestechungsgelder oder überhöhte Abstandszahlungen im Fall von Höchstmieten. Die Tatsache, dass der Höchstpreis nicht gesteigert werden darf, hat zudem zur Folge, dass es für die Anbieter keinen Anreiz gibt, das Angebot auszuweiten. Ein Abbau des Nachfrageüberhangs durch eine Ausweitung des Angebots erfolgt daher nur, wenn der Staat die Anbieter subventioniert oder selbst als Anbieter auftritt. Ein Markteingriff des Staates in Form eines Höchstpreises zieht daher weitere Markteingriffe nach sich.

Ein Mindestpreis ist ein gesetzlich festgelegter Preis, der über dem Gleichgewichtspreis liegt, der sich auf dem Markt ohne diesen Markteingriff ergeben würde. Ein Mindestpreis darf überschritten, aber nicht unterschritten werden.

Ziel des Mindestpreises ist es, die Verkaufserlöse und damit auch das Einkommen der Anbieter zu steigern und/oder einen kostendeckenden Preis zu sichern. Bei vollständiger Konkurrenz führt der Mindestpreis (p^M) zu einem Angebotsüberschuss (siehe Abbildung 8.4).

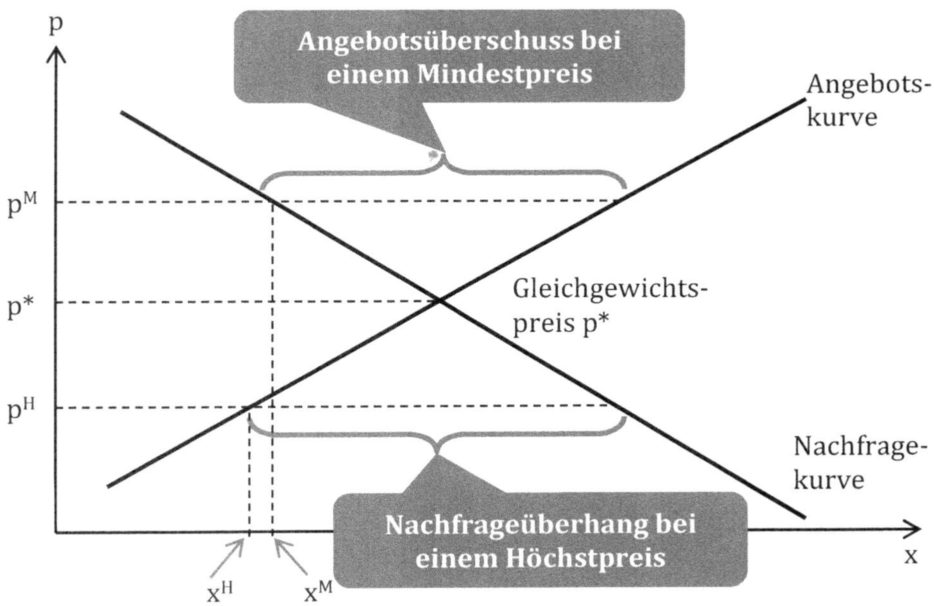

Abb. 8.4: Wirkungen eines Höchst- bzw. eines Mindestpreises bei vollständiger Konkurrenz

Da der Mindestpreis nicht unterschritten werden darf, kann der Angebotsüberschuss nicht durch eine Preissenkung abgebaut werden, sodass der Angebotsüberschuss dauerhaft ist (Butterberg, Milchsee). Damit werden flankierende Maßnahmen notwendig, z. B. der Aufkauf der Überschussmengen durch den Staat oder die Subventionierung des Exports zur Steigerung des Absatzes im Ausland. Denkbar ist auch eine staatlich verordnete Produktionsbeschränkung, die das Entstehen von Angebotsüberschüssen verhindert. Für die Konsumenten bedeutet der Mindestpreis, dass sie im Vergleich zum Gleichgewichtspreis einen höheren Marktpreis zahlen müssen und eine geringere Menge des Gutes konsumieren. Für die Steuerzahler bedeutet der Mindestpreis, dass Steuermittel für den Aufkauf des Angebotsüberschusses und dessen Lagerung bzw. für die Exportsubventionierung aufgebracht werden müssen. Dies verlangt entweder höhere Steuern als im Fall ohne einen Mindestpreis oder den Verzicht auf andere staatliche Ausgaben. Ein Markteingriff des Staates in Form eines Mindestpreises zieht daher ebenfalls weitere Markteingriffe nach sich.

Sowohl bei einem Höchst- als auch bei einem Mindestpreis fallen **Wohlfahrtsverluste** an, die sich wiederum mit Hilfe der Produzenten- und Konsumentenrente messen lassen. Unabhängig davon, ob ein Höchst- oder ein Mindestpreis vorliegt, gilt in beiden Fällen, dass die produzierte und konsumierte Gütermenge geringer ist als die Menge, die sich im Fall der vollständigen Konkurrenz ohne Eingriffe in die freie Preisbildung ergeben würde. Im Fall eines Mindestpreises beispielsweise entspricht der Wohlfahrtsverlust der Fläche abc (siehe Abbildung 8.5).

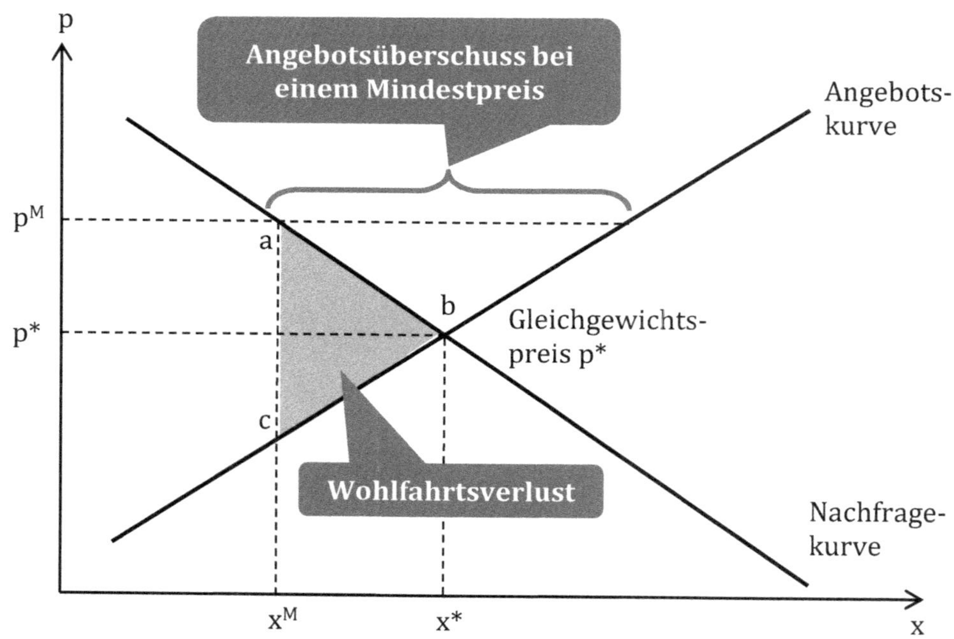

Abb. 8.5: Wohlfahrtsverlust eines Mindestpreises bei vollständiger Konkurrenz

Auch im Fall von Höchst- und Mindestpreisen sind jedoch Situationen denkbar, in denen diese Preise zu einer Erhöhung der Wohlfahrt führen. Auf einem Monopolmarkt beispielsweise kann ein Höchstpreis die Summe aus Konsumenten- und Produzentenrente vergrößern. Diese Situation ist in der Abbildung 8.6 dargestellt. Ohne ein Eingreifen in die Preisbildung wird der Monopolist – wie in

Schritt 6 unter der Überschrift „Preisbildung bei einem Monopolmarkt“ beschrieben – die Menge x* anbieten, weil dort der Grenzerlös mit den Grenzkosten übereinstimmt. Diese Menge wird zum Preis p* verkauft. Daraus resultiert ein Wohlfahrtsverlust, der hier aus Gründen der Übersichtlichkeit jedoch nicht eingezeichnet ist (vgl. dazu Abbildung 6.8).

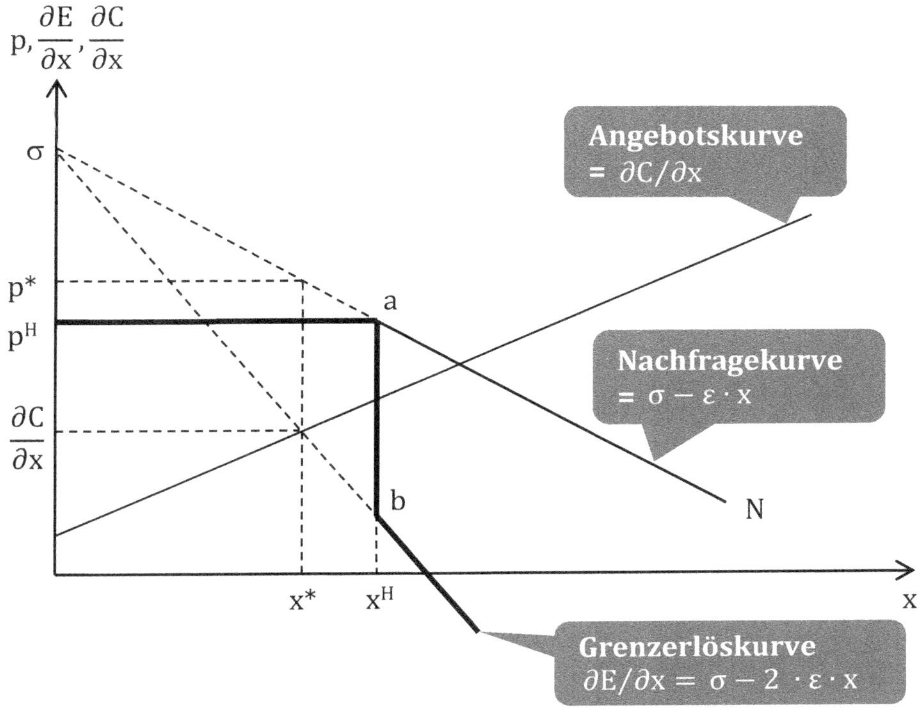

Abb. 8.6: Wirkungen eines Höchstpreises bei einem Monopol

Mit der Einführung eines Höchstpreises (p^H), der definitionsgemäß geringer ist als der Monopolpreis (p*), verändert sich der Verlauf der Grenzerlöskurve. Grundsätzlich ist der Grenzerlös für einen Monopolisten keine konstante Größe. Da die gesamte Marktnachfragekurve die für den Monopolisten relevante Preis-Absatz-Kurve ist, nimmt der Preis, den der Monopolist pro Gütereinheit erzielen kann, mit steigenden Absatzmengen ab. Mit dem Höchstpreis ist allerdings nicht mehr die gesamte Marktnachfragekurve für den Monopolisten relevant. Die Strecke σa der Marktnachfragekurve ist nicht erreichbar, weil die dafür vorgesehenen Preise vom Monopolisten nicht mehr gefordert werden können. Die relevante Preis-Absatz-Kurve entspricht nun der Kurve p^HaN. Damit ändert sich auch die für den Monopolisten relevante Grenzerlöskurve. Von der ursprünglichen Grenzerlöskurve ist nun die Strecke σb nicht mehr erreichbar. Mit der Einführung des Höchstpreises ergibt sich folglich eine zweigeteilte Grenzerlöskurve, die eine Sprungstelle aufweist. Bis zur Menge x^H kann der Monopolist jede zusätzliche

8

Einheit zum Höchstpreis verkaufen. Der Grenzerlös ist somit konstant und entspricht dem Höchstpreis. Damit entspricht die Grenzerlöskurve der fett markierten Strecke $p^H a$. Wenn mehr Einheiten als x^H verkauft werden, kann dies nur zu sinkenden Preisen geschehen, sodass die Grenzerlöse nun sinken. Ab der Menge x^H entspricht die Grenzerlöskurve somit der fett markierten Strecke

$$b\frac{\partial E}{\partial x}.$$

Die gesamte Grenzerlöskurve hat somit einen doppelt geknickten Verlauf mit einer Sprungstelle und entspricht der fett markierten Kurve

$$p^H ab\frac{\partial E}{\partial x}.$$

Da die Grenzkostenkurve die Grenzerlöskurve im Streckenabschnitt (ab) schneidet, liegt die gewinnmaximale Gütermenge somit bei der Menge x^H. Diese wird zu dem Preis angeboten, zu dem die Konsumenten bereit sind, die vom Monopolisten angebotene Gütermenge abzunehmen (p^H). Im Ergebnis führt der Höchstpreis auf einem Monopolmarkt also zu einer Erhöhung der angebotenen Gütermenge ($x^H > x^*$) und zu einer Reduzierung des Gleichgewichtspreises ($p^H < p^*$). Auch das – hier aus Gründen der Übersichtlichkeit nicht eingezeichnete – Dreieck, das dem Wohlfahrtsverlust entspricht, ist geringer geworden. Im Idealfall würde als Höchstpreis der Preis festgelegt werden, der sich im Fall der vollständigen Konkurrenz ergibt. Das Monopolmarktgleichgewicht mit Höchstpreis wäre dann identisch mit dem Gleichgewicht eines Marktes mit vollständiger Konkurrenz, sodass es auch keinen Wohlfahrtsverlust mehr gäbe.

Konsequenzen für die Markt- und Preistheorie

Eingriffe in das Marktgeschehen sind immer dann mit einem Wohlfahrtsverlust verbunden, wenn es sich bei dem betreffenden Markt um einen Markt mit vollständiger Konkurrenz handelt. Durch den Eingriff wird die Realisierung des Gleichgewichts der vollständigen Konkurrenz verhindert. Wenn der Markt jedoch nicht die Voraussetzungen bzw. Annahmen der vollständigen Konkurrenz erfüllt, kann ein Markteingriff die Wohlfahrt erhöhen. Im Idealfall stellt der Markteingriff dann die Rahmenbedingungen her, die zu einem Ergebnis führen, das dem Referenzmodell der vollständigen Konkurrenz entspricht. Die theoretische **Heilung eines Marktversagens** durch ein staatliches Eingreifen setzt in der Praxis allerdings voraus, dass der Staat die Informationen besitzt, die für einen passgenauen Eingriff erforderlich sind. Wenn diese Informationen jedoch nicht vorliegen, kann durch einen falsch gewählten Eingriff sogar noch eine Verschlechterung der Wohlfahrt hervorgerufen werden. Dies lässt sich abschließend am Beispiel einer Steuer bei negativen externen Effekten verdeutlichen.

Wie in Abbildung 8.2 gezeigt, kann durch eine Steuer, die exakt der Differenz zwischen den sozialen Grenzkosten und den geringeren privaten Grenzkosten entspricht, genau das Aktivitätsniveau erreicht werden, das auch aus gesamtwirtschaftlicher Sicht optimal ist. Wird jedoch eine zu hohe Steuer erhoben, so wird das Aktivitätsniveau auf ein zu geringes Niveau reduziert. Ist die Steuer viel zu hoch, so ist der Wohlfahrtsverlust der Steuererhebung (Fläche ade) größer als der Wohlfahrtsverlust eines negativen externen Effekts ohne Steuer (Fläche abc), wie der Abbildung 8.7 zu entnehmen ist.

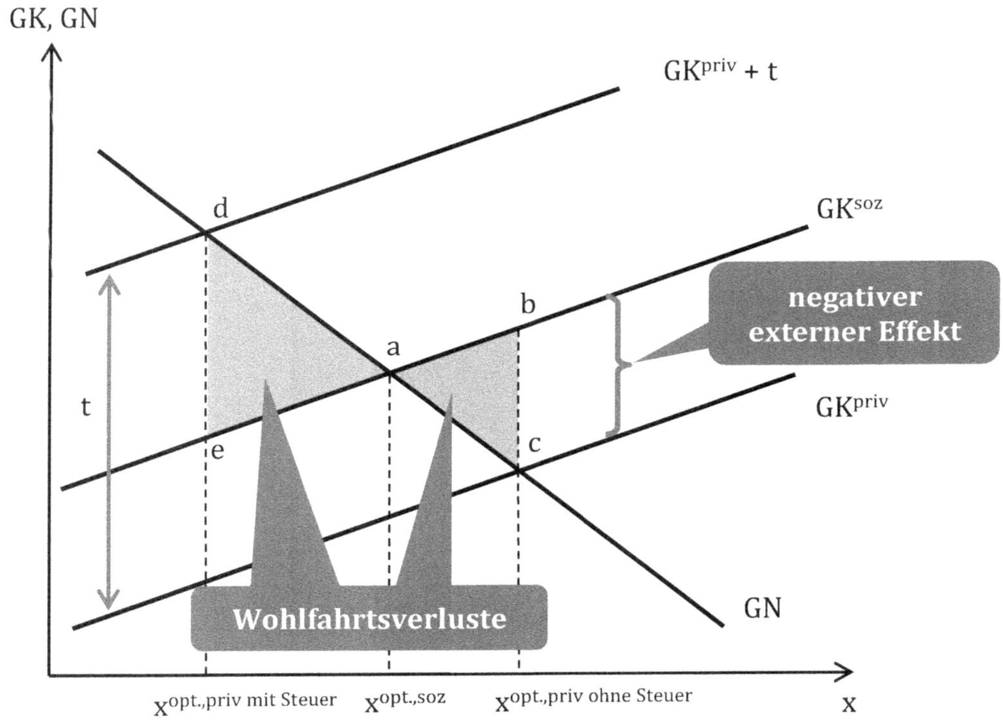

Abb. 8.7: Wohlfahrtsverluste bei einer zu hohen Steuer im Fall negativer externer Effekte

8

Lernfragen

Wenn der Staat eine Mengensteuer auf ein Konsumgut erhebt ...

☐ ist der Konsumentenpreis größer als der Produzentenpreis.

☐ ist der Konsumentenpreis geringer als der Produzentenpreis.

Bei welcher Form des Marktversagens kann eine Mengensteuer dieses Versagen heilen?

☐ Bei positiven externen Effekten.

☐ Bei negativen externen Effekten.

☐ Bei asymmetrischen Informationen.

Wenn bei einem Konsumgut eine Subvention eingeführt wird, wird auf dem Markt ...

☐ eine geringere Menge gehandelt als ohne diese Subvention.

☐ eine größere Menge gehandelt als ohne diese Subvention.

Ein Höchstpreis liegt ...

☐ unter dem Gleichgewichtspreis, der sich auf dem Markt ohne diesen Markteingriff ergeben würde.

☐ über dem Gleichgewichtspreis, der sich auf dem Markt ohne diesen Markteingriff ergeben würde.

Wenn ein Höchstpreis eingeführt wird, führt dies normalerweise dazu, dass ...

☐ die Produzentenrente größer ist als ohne den Höchstpreis.

☐ die Konsumentenrente größer ist als ohne den Höchstpreis.

Wer soll durch einen Mindestpreis geschützt werden?

☐ Die Steuerzahler

☐ Die Konsumenten

☐ Die Produzenten

Wenn auf einem Markt ein Mindestpreis eingeführt wird, kommt es zu ...

☐ zu einem dauerhaften Angebotsüberschuss.

☐ zu einem dauerhaften Nachfrageüberhang.

Welche Konsequenzen sind zu erwarten, wenn der Staat auf dem Wohnungsmarkt eine gesetzliche Höchstmiete einführt?

☐ Das Angebot an Wohnraum nimmt zu.

☐ Das Angebot an Wohnraum nimmt ab.

Prüfungstipp

Staatliche Eingriffe in das Marktgeschehen werden in der Regel mit der Begründung abgelehnt, dass sie zu Wohlfahrtsverlusten führen. Sofern es sich bei dem betreffenden Markt um einen Markt mit vollständiger Konkurrenz handelt und keinen Formen des Marktversagens vorliegen, ist diese Befürchtung begründet. Andernfalls aber kann ein Markteingriff die Wohlfahrt erhöhen. Eingriffe des Staates in den Markt sind daher nicht grundsätzlich abzulehnen.

Lösungen

Schritt 1: Wichtige Grundlagen

Welchen Akteur der Markt- und Preistheorie gibt es?

☐ Staat

☐ Banken

☐ Lobbyisten

■ Unternehmen

Was konsumieren Haushalte?

☐ Investitionsgüter

☐ Produktionsfaktoren

■ Güter

Was unterscheidet heterogene Güter von homogenen?

☐ die Ähnlichkeit

☐ die Gleichheit

■ die Unterschiedlichkeit

Was ergibt sich bei unbegrenzten Bedürfnissen und einem begrenzten Budget?

■ Knappheit

☐ Präferenzen

Was ist ein relativer Preis?

■ Das reale Austauschverhältnis zweier Güter.

☐ Das absolute Austauschverhältnis zweier Güter.

☐ Das begrenzte Austauschverhältnis zweier Güter.

Was möchte ein homo oeconomicus maximieren?

☐ Handlungsalternativen

☐ Budget

■ Nettonutzen

Einen bestimmten Grad der Bedürfnisbefriedigung mit einer möglichst geringen Menge an Mitteln zu erreichen, nennt man:

☐ Maximalprinzip

■ Minimalprinzip

Schritt 2: Haushaltstheorie

Welche Aussagen treffen für eine Nutzenfunktion zu?

☐ Der Nutzen eines superioren Gutes ist größer als der eines inferioren Gutes.

☐ Die Nutzenfunktion bewertet den Nutzen aller Güter in Abhängigkeit von den konsumierten Mengen und den zu zahlenden Preisen.

■ Die Nutzenfunktion beschreibt die Präferenzordnung eines Haushalts.

Das Gesetz vom abnehmenden Grenznutzen besagt, dass der Grenznutzen eines Gutes mit ...

☐ steigendem Preis dieses Gutes geringer wird.

☐ sinkendem Einkommen geringer wird.

■ zunehmendem Konsum dieses Gutes immer geringer wird.

Die Indifferenzkurve stellt alle Güterkombinationen dar, die ...

■ den gleichen Nutzen stiften.

☐ sich der Haushalt mit einem gegebenen Einkommen leisten kann.

Wenn im Zwei-Güter-Fall der Preis eines Gutes sinkt und der Preis des anderen Gutes konstant bleibt, hat dies für die Budgetgerade folgende Konsequenzen: Die Budgetgerade ...

☐ dreht sich hin zum Ursprung.

■ dreht sich weg vom Ursprung.

☐ verschiebt sich parallel zum Ursprung.

Der optimale Konsumplan zeichnet sich dadurch aus, dass ...

☐ die Indifferenzkurve die Budgetgerade schneidet.

■ die Steigung der Indifferenzkurve mit der Steigung der Budgetgeraden übereinstimmt.

☐ das Preis-Mengenverhältnis bei allen Gütern identisch ist.

Welche dieser beiden Güter sind komplementäre Güter?

■ Brot und Margarine

☐ Butter und Margarine

Welche Aussagen treffen für substitutive Güter zu?

☐ Die direkte Preiselastizität der Nachfrage ist positiv.

■ Bei einem Anstieg des Preises eines der substitutiven Güter nimmt die nachgefragte Menge des anderen substitutiven Gutes zu.

☐ Mit steigendem Einkommen nimmt die Nachfrage nach einem substitutiven Gut zu.

Wodurch zeichnet sich ein superiores Gut aus? Die nachgefragte Menge steigt, wenn ...

☐ der Preis des Gutes steigt.

■ das verfügbare Einkommen der Konsumenten steigt.

☐ die Werbung für das Produkt intensiviert wird.

Wie verändert sich der optimale Konsumplan eines Haushalts, der nur zwei Güter konsumiert, wenn der Preis eines Gutes zunimmt?

☐ Der Substitutionseffekt der Preiserhöhung ist bei einem inferioren Gut gleich Null.

☐ Der Substitutionseffekt der Preiserhöhung ist stets positiv.

■ Der Haushalt kann nur noch eine Indifferenzkurve mit einem geringeren Nutzenniveau erreichen.

Das Nachfragegesetz besagt, dass die nachgefragte Menge des Gutes steigt, wenn ...

☐ der Preis eines anderen Gutes steigt.

■ der Preis des Gutes sinkt.

☐ das verfügbare Einkommen der Konsumenten steigt.

Welche Konsequenzen ergeben sich für die Marktnachfragekurve für das Gut Benzin, wenn die Kfz-Steuer steigt?

■ Die Marktnachfragekurve für Benzin verschiebt sich nach links.

□ Die Marktnachfragekurve für Benzin verschiebt sich nach rechts.

□ Die Marktnachfragekurve für Benzin bleibt unverändert.

Schritt 3: Produktionstheorie

Was ist eine Isoquante?

■ Alle Kombinationen von effizienten Inputmengen, die den gleichen Gesamtertrag hervorbringen.

□ Die grafische Darstellung des Zusammenhangs zwischen dem Input eines Produktionsfaktors und der damit maximal herstellbaren Menge eines Konsumguts.

Der Durchschnittsertrag eines Produktionsfaktors ...

□ gibt an, wie sich der Output verändert, wenn der Einsatz des Produktionsfaktors um eine Einheit erhöht wird.

■ ergibt sich aus der Division des Outputs durch die eingesetzte Menge des Produktionsfaktors.

Eine neoklassische Produktionsfunktion hat ...

■ eine positive, aber abnehmende Grenzproduktivität.

□ zunächst eine steigende, dann aber sinkende Grenzproduktivität.

□ eine konstante Durchschnittsproduktivität.

Eine linear-limitationale Produktionsfunktion hat ...

□ eine steigende Durchschnittsproduktivität.

□ eine Grenzproduktivität, die geringer ist als die Durchschnittsproduktivität.

■ konstante Skalenerträge.

Eine ertragsgesetzliche Produktionsfunktion hat ...

■ zunächst eine steigende, dann aber sinkende Grenzproduktivität.

□ eine Ertragskurve mit einer durchgehend positiven Steigung.

□ vollkommen substituierbare Produktionsfaktoren.

Welche Aussagen treffen für die Isoquanten einer neoklassischen Produktionsfunktion mit steigenden Skalenerträgen zu?

☐ Der Isoquantenverlauf ist konkav zum Ursprung.

■ Der Isoquantenverlauf ist konvex zum Ursprung.

☐ Der Isoquantenverlauf ist zum Teil konkav und zum Teil konvex zum Ursprung.

Welche Aussagen treffen für die Produktionsfunktion $Y = K^{\alpha} L^{1-\alpha}$ mit $0 < \alpha < 1$ und mit K (Kapital), L (Arbeit) > 0 zu?

■ Die Grenzproduktivität des Faktors Arbeit beträgt $(\frac{K}{L})^{\alpha} (1-\alpha)$.

☐ Die Grenzproduktivität des Faktors Arbeit beträgt $(\frac{K}{L})^{\alpha-1} (1-\alpha)$.

☐ Die Durchschnittsproduktivität des Faktors Arbeit beträgt $\alpha (\frac{K}{L})^{\alpha}$.

Schritt 4: Kostentheorie

Die Höhe der variablen Kosten ist von der produzierten Gütermenge …

☐ unabhängig

■ abhängig

Welche Aussagen treffen für eine linear-limitationale Produktionsfunktion in der kurzen Frist, d. h. bei der Existenz von Fixkosten, zu?

☐ Die Kurve der Grenzkosten verläuft u-förmig.

☐ Die Kurve der variablen Durchschnittskosten verläuft u-förmig.

■ Es liegen konstante Grenzkosten vor.

Welche Aussagen treffen für eine neoklassische Produktionsfunktion in der kurzen Frist, d. h. bei der Existenz von Fixkosten, zu?

☐ Die Kurve der Grenzkosten verläuft u-förmig.

☐ Die Kurve der Grenzkosten verläuft oberhalb der Kurve der gesamten Durchschnittskosten.

■ Die Kurve der Grenzkosten schneidet die Kurve der gesamten Durchschnittskosten im Minimum der gesamten Durchschnittskosten.

Welche Aussagen treffen für eine ertragsgesetzliche Produktionsfunktion in der kurzen Frist, d. h. bei der Existenz von Fixkosten, zu?

■ Die Kurve der gesamten Durchschnittskosten verläuft u-förmig.

☐ Die Kurve der Grenzkosten verläuft oberhalb der Kurve der variablen Durchschnittskosten.

☐ Die Kurve der Grenzkosten verläuft oberhalb der Kurve der gesamten Durchschnittskosten.

Welche Aussagen zum Zusammenhang zwischen Skalenerträgen und Kosten treffen zu?

■ Bei konstanten Skalenerträgen stimmen die Grenzkosten mit den Durchschnittskosten überein.

☐ Bei steigenden Skalenerträgen nimmt die Steigung der Gesamtkostenkurve zu.

☐ Bei steigenden Skalenerträgen sind die Grenzkosten größer als die Durchschnittskosten.

Die Minimalkombination zeichnet sich bei einer neoklassischen Produktionsfunktion mit zwei Faktoren dadurch aus, dass ...

☐ die Grenzproduktivitäten der beiden Faktoren identisch sind.

☐ die Durchschnittsproduktivitäten der Faktoren identisch sind.

■ die Steigung der Isoquante übereinstimmt mit der Steigung der Isokostengerade.

Für den optimalen Produktionsplan eines Unternehmens auf einem Markt mit vollständiger Konkurrenz treffen in der langen Frist, d. h. ohne Fixkosten, folgende Aussagen zu.

☐ Die Grenzkosten sind gleich Null.

☐ Der Grenzerlös ist gleich Null.

■ Die Grenzkosten entsprechen dem Grenzerlös.

Für die Angebotskurve eines Unternehmens auf einem Markt mit vollständiger Konkurrenz treffen folgende Aussagen zu.

☐ Bei konstanten Skalenerträgen hat die Angebotskurve eine positive Steigung.

■ Bei sinkenden Skalenerträgen nimmt die angebotene Menge zu, wenn der Preis steigt.

☐ Bei steigenden Skalenerträgen stimmt die Angebotskurve mit der Grenzkostenkurve überein.

Schritt 5: Konsumenten- und Produzentenrente

Die Konsumentenrente ist ein Maß für die Vorteile, die ...

■ ein Haushalt daraus zieht, dass er eine bestimmte Menge eines Gutes konsumiert.

☐ die Gesellschaft daraus zieht, dass eine bestimmte Menge eines Gutes produziert und konsumiert wird.

Die Summe aus Konsumenten- und Produzentenrente ist ein Maß für ...

☐ den Nettonutzen, den die Gesellschaft aus dem Konsum einer bestimmten Gütermenge zieht.

■ die gesamtgesellschaftliche Wohlfahrt.

Welche Informationen benötigen Sie zur Berechnung der Konsumentenrente?

■ Die marginale Zahlungsbereitschaft der Käufer.

☐ Die Höhe der Grenzkosten.

☐ Die Differenz zwischen Grenzkosten und Grenznutzen.

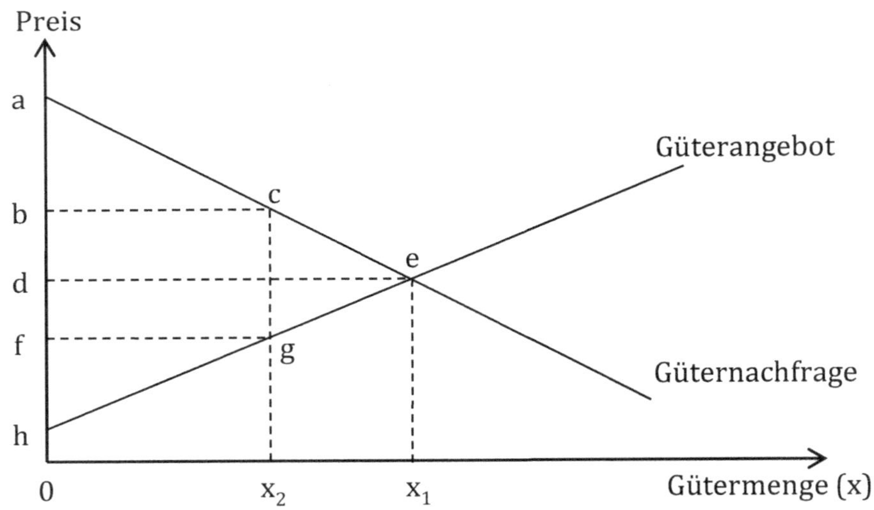

In der Abbildung oben entspricht die Konsumentenrente, die mit der Produktion und Konsumtion der Gütermenge x1 verbunden ist, folgender Fläche:

☐ a b c

■ a d e

☐ d e h

In Abbildung entspricht die gesamtgesellschaftliche Wohlfahrt, die mit der Produktion und Konsumtion der Gütermenge x1 verbunden ist, folgender Fläche:

☐ a e x_1 0

☐ b c e g f

■ a e h

In Abbildung entspricht die Produzentenrente, die mit der Produktion und Konsumtion der Gütermenge x2 verbunden ist, folgender Fläche:

☐ f g h

☐ h g x_2 0

■ b c g h

In Abbildung entspricht die gesamtgesellschaftliche Wohlfahrt, die mit der Produktion und Konsumtion der Gütermenge x2 verbunden ist, folgender Fläche:

■ a c g h

☐ a c x2 0

☐ b c g f

In Abbildung entspricht der gesamtgesellschaftliche Wohlfahrtsverlust, der mit der Produktion und Konsumtion der Gütermenge x2 verbunden ist, folgender Fläche:

☐ c e x_1 x_2

■ c e g

☐ g e x_1 x_2

Schritt 6: Preisbildung auf Märkten

Der Gleichgewichtspreis ist der Preis, ...

■ bei dem Angebot und Nachfrage übereinstimmen.

☐ bei dem der Preis mit den Durchschnittskosten übereinstimmt.

Das Prinzip der Offenheit des Marktes besagt, dass ...

☐ alle Marktteilnehmer über alle relevanten Informationen verfügen.

■ jeder, der will, als Anbieter oder Nachfrage auf dem Markt agieren darf.

☐ der Staat keine Zölle erhebt.

Das Gesetz von der Unterschiedslosigkeit des Preises besagt, dass ...

☐ der Preis eines Gutes im Zeitablauf konstant ist.

■ es für ein homogenes Gut nur einen Preis auf dem Markt gibt.

☐ es für ein superiores Gut nur einen Preis auf dem Markt gibt.

L

Ein Markt unter vollständiger Konkurrenz zeichnet sich unter anderem dadurch aus, dass …

☐ der Preis nie geringer als die Grenzkosten sein darf.

☐ es wenige Anbieter, aber viele Nachfrager gibt.

■ der Preis nach oben und unten vollkommen flexibel ist.

Ein Angebotsüberschuss liegt vor, wenn beim herrschenden Preis …

■ die angebotene Gütermenge größer ist als die nachgefragte Gütermenge.

☐ die Zahl der Anbieter größer ist als die Zahl der Nachfrager.

☐ die nachgefragte Gütermenge größer ist als die angebotene Gütermenge.

Wenn es auf einem Markt einen Nachfrageüberhang gibt, …

■ sind einige Konsumenten bereit, einen höheren Preis zu zahlen.

☐ steigen die Produktionskosten.

Wenn auf einem Markt die Nachfrage nach einem Gut steigt, …

☐ kommt es zu einem Angebotsüberschuss.

■ steigt der Preis.

Das Gleichgewicht auf einem Markt unter vollständiger Konkurrenz zeichnet sich unter anderem dadurch aus, dass …

☐ die Unternehmen einen Gewinn erzielen, weil der Preis über den Grenzkosten liegt.

■ der Preis den Grenzkosten entspricht.

☐ der Preis unter den Durchschnittskosten liegt.

Wenn der technische Fortschritt die Produktionskosten senkt, kommt es auf einem Markt unter vollständiger Konkurrenz …

☐ zu einer Verringerung der Anzahl der Anbieter.

■ zu einer Zunahme des Güterangebots.

☐ zu einer Preissteigerung.

Wenn es auf einem Markt unter vollständiger Konkurrenz zu einem Nachfragerückgang kommt, ...

☐ steigen die Grenzkosten der Produktion.

☐ bleibt der Marktpreis konstant, während die gehandelte Gütermenge sinkt.

■ sinken der Gleichgewichtspreis und die Gleichgewichtsmenge.

Ein Monopolist bietet im Vergleich zu einem Markt unter vollständiger Konkurrenz ...

☐ eine größere Gütermenge an.

■ eine geringere Gütermenge an.

Ein nutzenmaximierender Monopson bestimmt die von ihm nachgefragte Gütermenge mit Hilfe der folgenden Entscheidungsregel:

☐ Die Grenzkosten entsprechen dem Grenzerlös.

☐ Die Grenzausgaben entsprechen den Grenzkosten.

■ Die Grenzausgaben entsprechen dem Grenznutzen.

Im Marktgleichgewicht eines bilateralen Monopols liegt ...

☐ der Gleichgewichtspreis immer über dem Preis, der sich im Fall der vollständigen Konkurrenz einstellen würde.

☐ der Gleichgewichtspreis immer unter dem Preis, der sich im Fall der vollständigen Konkurrenz einstellen würde.

■ die Gleichgewichtsmenge immer unter der Menge, die sich im Fall der vollständigen Konkurrenz einstellen würde.

Auf einem Oligopolmarkt treffen ...

☐ viele Anbieter auf wenige Nachfrager.

■ viele Nachfrager auf wenige Anbieter.

☐ wenige Nachfrager auf einen Anbieter.

L

Die Reaktionsfunktion eines Duopolisten gibt im Fall eines homogenen Duopols an, wie dieser Duopolist seine angebotene Menge an ...

■ die angebotene Menge des anderen Duopolisten anpasst.

☐ eine Preissenkung des anderen Duopolisten anpasst.

☐ die geänderten Präferenzen der Nachfrager anpasst.

Was ist eine zentrale Aufgabe der Koordinierungsfunktion des Preises? Dafür zu sorgen, dass ...

■ der Markt geräumt wird.

☐ der Preis eines Gutes im Zeitablauf sinkt.

☐ die Konsumenten ihren Nutzen maximieren können.

Schritt 7: Marktversagen

Umweltverschmutzung ist ein Beispiel für ...

☐ positive externe Effekte.

■ negative externe Effekte.

☐ öffentliche Güter.

Bei einem Gut mit einem positiven externen Effekt ist die Gleichgewichtsmenge, die sich auf dem Markt ohne einen staatlichen Eingriff ergibt ...

☐ größer als die Menge, die aus gesamtwirtschaftlicher Sicht optimal ist.

■ kleiner als die Menge, die aus gesamtwirtschaftlicher Sicht optimal ist.

Bei einem Gut mit einem positiven externen Effekt ist der Gleichgewichtspreis, der sich auf dem Markt ohne einen staatlichen Eingriff ergibt ...

☐ größer als der Preis, der aus gesamtwirtschaftlicher Sicht optimal ist.

■ kleiner als der Preis, der aus gesamtwirtschaftlicher Sicht optimal ist.

Bei einem Gut mit einem negativen externen Effekt sind ...

■ die privaten Kosten geringer als die gesellschaftlichen Kosten.

☐ die privaten Kosten geringer als der gesellschaftliche Nutzen.

☐ die privaten Kosten höher als der gesellschaftliche Nutzen.

Bei steigenden Skalenerträgen kommt es zu einem ...

☐ dauerhaften Angebotsüberschuss.

☐ dauerhaften Anstieg des Marktpreises.

■ natürlichen Monopol.

Bei economies of scale …

■ sinken die Grenzkosten mit steigender Produktionsmenge.

☐ steigen die Grenzkosten mit steigender Produktionsmenge.

Ein öffentliches Gut zeichnet sich unter anderem dadurch aus, dass …

■ keine Person vom Konsum dieses Gutes ausgeschlossen werden kann.

☐ es keinen Preis hat.

Wenn ein öffentliches Gut privatwirtschaftlich angeboten wird, …

☐ würden die privaten Anbieter einen zu hohen Preis fordern.

■ würden die Nachfrager nicht bereit sein, einen Preis für dieses Gut zu zahlen.

Bei welchem dieser Produkte ist eine adverse Selektion am wahrscheinlichsten?

■ Versicherung

☐ Erdöl

☐ Landesverteidigung

Im Fall der asymmetrischen Informationen …

☐ können Anbieter ihren Informationsvorsprung ausnutzen und höhere Preise fordern.

■ verschwinden die Produkte von hoher Qualität vom Markt.

☐ kommt es zu sinkenden Grenzkosten.

Schritt 8: Markteingriffe

Wenn der Staat eine Mengensteuer auf ein Konsumgut erhebt …

■ ist der Konsumentenpreis größer als der Produzentenpreis.

☐ ist der Konsumentenpreis geringer als der Produzentenpreis.

Bei welcher Form des Marktversagens kann eine Mengensteuer dieses Versagen heilen?

☐ Bei positiven externen Effekten.

■ Bei negativen externen Effekten.

☐ Bei asymmetrischen Informationen.

Wenn bei einem Konsumgut eine Subvention eingeführt wird, wird auf dem Markt ...

☐ eine geringere Menge gehandelt als ohne diese Subvention.

■ eine größere Menge gehandelt als ohne diese Subvention.

Ein Höchstpreis liegt ...

■ unter dem Gleichgewichtspreis, der sich auf dem Markt ohne diesen Markteingriff ergeben würde.

☐ über dem Gleichgewichtspreis, der sich auf dem Markt ohne diesen Markteingriff ergeben würde.

Wenn ein Höchstpreis eingeführt wird, führt dies normalerweise dazu, dass ...

☐ die Produzentenrente größer ist als ohne den Höchstpreis.

■ die Konsumentenrente größer ist als ohne den Höchstpreis.

Wer soll durch einen Mindestpreis geschützt werden?

☐ Die Steuerzahler

☐ Die Konsumenten

■ Die Produzenten

Wenn auf einem Markt ein Mindestpreis eingeführt wird, kommt es zu ...

■ zu einem dauerhaften Angebotsüberschuss.

☐ zu einem dauerhaften Nachfrageüberhang.

Welche Konsequenzen sind zu erwarten, wenn der Staat auf dem Wohnungsmarkt eine gesetzliche Höchstmiete einführt?

☐ Das Angebot an Wohnraum nimmt zu.

■ Das Angebot an Wohnraum nimmt ab.

Glossar

Angebot

Das Angebot bezeichnet die Bereitschaft eines wirtschaftlichen Akteurs, eine bestimmte Menge eines Gutes zu einem bestimmten Preis zu verkaufen. Im Normalfall nimmt die Bereitschaft, Mengeneinheiten des Gutes zu verkaufen, mit steigendem Preis zu.

Angebotsüberschuss

Ein Angebotsüberschuss liegt vor, wenn beim herrschenden Preis die angebotene Gütermenge größer ist als die nachgefragte Gütermenge. Der herrschende Preis ist größer als der Gleichgewichtspreis.

Duopol

Wenn es auf einem Markt nur zwei Anbieter gibt, liegt ein Duopol vor.

Economies of scale

Im Fall von economies of scale – auch steigende Skalenerträge genannt – führt eine Verdoppelung aller Produktionsfaktoren dazu, dass sich die Produktionsmenge mehr als verdoppelt. Economies of scale bedeuten daher sinkende Grenz- und Durchschnittskosten und sind eine produktionstechnologische Ursache für das Entstehen eines Monopols.

Einkommenseffekt

Der Einkommenseffekt bezeichnet die Reaktion eines nutzenmaximierenden Haushalts auf die Preisänderung eines Gutes, die sich daraus ergibt, dass die Preisänderung die Kaufkraft des Haushalts verändert.

Externe Effekte

Externe Effekte liegen vor, wenn die privaten Kosten einer ökonomischen Entscheidung nicht mit den sozialen Kosten dieser Entscheidung übereinstimmen, oder wenn der private Nutzen der Entscheidung nicht mit dem sozialen Nutzen übereinstimmt.

Gewinnmaximum

Ein Anbieter, der seinen Gewinn maximieren will, wird jeweils die Gütermenge anbieten, bei der die Grenzkosten der Produktion mit dem Grenzerlös übereinstimmen. Die zweite Bedingung für ein Gewinnmaximum verlangt, dass der am Markt erzielte Preis mindestens genauso groß ist wie die Durchschnittskosten.

Grenzausgaben

Die Grenzausgaben geben an, wie sich die Gesamtausgaben für den Kauf von Gütern verändern, wenn die nachgefragte Menge von Gütern um eine infinitesimal kleine Menge erhöht wird.

Grenzerlös

Der Grenzerlös gibt an, wie sich der Erlös verändert, wenn die produzierte und verkaufte Menge von Gütern um eine infinitesimal kleine Menge erhöht wird. Der Grenzerlös eines Anbieters auf einem Markt unter vollständiger Konkurrenz stimmt mit dem Preis überein und ist damit konstant.

Grenzertrag

Der Grenzertrag eines Produktionsfaktors gibt an, wie sich der Gesamtertrag verändert, wenn die Einsatzmenge des Produktionsfaktors um eine infinitesimal kleine Einheit erhöht wird.

Grenzkosten

Die Grenzkosten geben an, wie sich die Gesamtkosten verändern, wenn die produzierte Menge von Gütern um eine infinitesimal kleine Menge erhöht wird.

Gut

Ein Gut ist ein Mittel zur Bedürfnisbefriedigung.

Höchstpreis

Ein Höchstpreis ist ein gesetzlich festgelegter Preis, der unter dem Gleichgewichtspreis liegt, der sich auf dem Markt ohne diesen Markteingriff ergeben würde. Ein Höchstpreis darf unterschritten, aber nicht überschritten werden.

Indifferenzkurve

Die Indifferenzkurve ist die Kurve, auf der alle Güterbündel liegen, die für einen Haushalt den gleichen Nutzen stiften.

Isoquante

Die Isoquante gibt alle Kombinationen von effizienten Inputmengen an, die den gleichen Gesamtertrag hervorbringen.

Konsumentenrente

Die Konsumentenrente ist Maß für die Vorteile, die ein Haushalt daraus zieht, dass er eine bestimmte Menge eines Gutes kauft und konsumiert. Die Konsumentenrente kann auch für die gesamte Volkswirtschaft angegeben werden. In diesem Fall ist die Konsumentenrente die Fläche zwischen der Marktnachfragekurve und dem am Markt herrschenden Gleichgewichtspreis.

Kosten

Kosten sind der mit Geldeinheiten bewertete Verbrauch von

Produktionsfaktoren, die zur Herstellung einer bestimmten Produktionsmenge erforderlich sind.

Markt

Der Markt ist der Ort, an dem sich Angebot und Nachfrage eines Gutes treffen.

Marktangebot

Das Marktangebot ist das Gesamtangebot aller Anbieter, die auf dem Markt das betreffende Gut anbieten. Formal ist das Marktangebot die Summe aller individuellen Angebote der Unternehmen.

Marktgleichgewicht

Ein Marktgleichgewicht liegt vor, wenn die angebotene Menge und die nachgefragte Menge übereinstimmen. Jeder Nachfrager kann zum herrschenden Preis die Menge an Gütern kaufen, die er möchte. Jeder Anbieter kann zum herrschenden Preis die Menge an Gütern verkaufen, die er möchte. Dieser Preis wird Gleichgewichtspreis genannt, die dazugehörende Gütermenge ist die Gleichgewichtsmenge.

Marktnachfrage

Die Marktnachfrage ist die Gesamtnachfrage aller Haushalte, die auf dem Markt das betreffende Gut kaufen wollen. Formal ist die Marktnachfrage die Summe aller individuellen Nachfragen der Haushalte.

Mindestpreis

Ein Mindestpreis ist ein gesetzlich festgelegter Preis, der über dem Gleichgewichtspreis liegt, der sich auf dem Markt ohne diesen Markteingriff ergeben würde. Ein Mindestpreis darf überschritten, aber nicht unterschritten werden.

Monopol, bilaterales

Wenn es auf einem Markt nur einen Anbieter (Monopolist) gibt, der auf nur einen Nachfrager trifft (Monopson), ist dieser Markt ein bilaterales Monopol.

Monopolist

Wenn es auf einem Markt nur einen Anbieter gibt, der sich der gesamten Nachfrage gegenübersieht, ist dieser Anbieter ein Monopolist.

Monopson

Wenn es auf einem Markt nur einen Nachfrager gibt, der sich einer Vielzahl von Anbietern gegenübersieht, ist dieser Nachfrager ein Monopson.

Nachfrage

Die Nachfrage bezeichnet die Bereitschaft eines wirtschaftlichen Akteurs, eine bestimmte Menge eines Gutes zu einem bestimmten Preis zu kaufen. Im Normalfall nimmt die Bereitschaft, Mengeneinheiten eines Gutes zu kaufen, mit steigendem Preis ab.

Nachfrageüberhang

Ein Nachfrageüberhang liegt vor, wenn beim herrschenden Preis die angebotene Gütermenge kleiner ist als die nachgefragte Gütermenge. Der herrschende Preis ist kleiner als der Gleichgewichtspreis.

Oligopol

Wenn es auf einem Markt nur wenige große Anbieter gibt, liegt ein Oligopol vor.

Preis

Preise geben den Gegenwert eines Gutes an. Preise sind in der Regel Geldpreise, d. h. der Preis eines Gutes wird in Geldeinheiten – z. B. Euro – ausgedrückt.

Produzentenrente

Die Produzentenrente ist ein Maß für die Vorteile, die ein Unternehmen daraus zieht, dass es eine bestimmte Menge eines Gutes produziert und anschließend auf dem Markt verkauft. Die Produzentenrente kann auch für die gesamte Volkswirtschaft angegeben werden. In diesem Fall ist die Produzentenrente die Fläche zwischen der Marktangebotskurve und dem am Markt herrschenden Gleichgewichtspreis.

Reaktionsfunktion

Die Reaktionsfunktion gibt an, wie ein Oligopolist auf die Angebotsentscheidungen seiner Konkurrenten reagiert.

Substitutionseffekt

Der Substitutionseffekt bezeichnet die Reaktion eines nutzenmaximierenden Haushalts auf die Preisänderung eines Gutes, die sich daraus ergibt, dass die Preisänderung die relativen Preise der Güter verändert.

Wohlfahrt

Die Wohlfahrt ist ein abstraktes Konstrukt, das den ökonomischen Wohlstand der Gesamtheit aller Mitglieder einer Volkswirtschaft misst. Ein Instrument zur Messung der Wohlfahrt besteht aus der Summe der Konsumenten- und der Produzentenrente.

Wichtige Lehrbücher und Literatur

Lehrbücher, die ich kennen sollte

Aus der großen Zahl vertiefender Lehrbücher sei hier auf fünf Werke hingewiesen. Eine vertiefende Übersicht über die hier behandelten Themen bietet die „Einführung in die Mikroökonomie" von **Herdzina und Seiter**. Das Lehrbuch ist mit rund 250 Seiten relativ knapp gehalten. Umfangreicher ist das zu Recht als internationales Standardwerk untertitelte Lehrbuch von **Samuelson und Nordhaus**. Die Mikroökonomie wird in der ersten Hälfte ihres mehr als 1.000 Seiten umfassenden Einführungsbuches in die Volkswirtschaftslehre behandelt. Der internationale Klassiker der Mikroökonomie schlechthin sind die „Grundzüge der Mikroökonomie" von **Varian**. Auf rund 700 Seiten wird verständlich und mit zahlreichen Grafiken ein umfassender Überblick über alle relevanten mikroökonomischen Themen gegeben. Auf rund 900 Seiten präsentieren **Pindyck und Rubinfeld** ebenfalls eine umfassende Darstellung der Mikroökonomie. Die Leser finden dort auch einen Einstieg in die Spieltheorie, die für wirtschaftliche Entscheidungsprozesse relevant ist, und über die Grundlagen von Regressionsanalysen, die in empirischen Studien verwendet werden. Thematisch am breitesten aufgestellt ist das Lehrbuch von **Schumann, Meyer und Ströbele**. Auf etwas mehr als 500 Seiten gehen sie auch auf intertemporale Entscheidungen des Haushalts ein sowie auf die Theorie der erschöpfbaren Ressourcen, die Grundlagen der Ungleichgewichtstheorie und sogenannte „Neue Institutionenökonomik", die sich mit den Anreizstrukturen einer Gesellschaft auseinandersetzt. Dieses Buch ist vor allem für fortgeschrittene Mikroökonomen zu empfehlen.

Bartling, H./Luzius, F.: Grundzüge der Volkswirtschaftslehre – Einführung in die Wirtschaftstheorie und Wirtschaftspolitik. 17. Aufl., München 2014.

Beutel, J.: Mikroökonomie. München u. a. 2006.

Bontrup, H.-J.: Volkswirtschaftslehre – Grundlagen der Mikro- und Makroökonomie. 2. Aufl., München/Wien 2004.

Breyer, F.: Mikroökonomik – eine Einführung. 6. Aufl., Berlin u. a 2015.

Endres, A./Martiensen, J.: Mikroökonomik – eine integrierte Darstellung traditioneller und moderner Konzepte in Theorie und Praxis. Stuttgart 2007.

Erlei, M.: Mikroökonomik, in: Apolte, T.: Vahlens Kompendium der Wirtschaftstheorie und Wirtschaftspolitik, Bd. 2. 9. Aufl., München 2007, S. 1 – 139.

Feess-Dörr, E.: Mikroökonomie – eine spieltheoretisch- und anwendungsorientierte Einführung. 3. Aufl., Marburg 2004.

Fehl, U./Oberender, P.: Grundlagen der Mikroökonomie – eine Einführung in die Produktions-, Nachfrage- und Markttheorie. 9. Aufl., München 2004.

Henderson, J. M./Quandt, R. E.: Mikroökonomische Theorie – eine mathematische Darstellung. 5. Aufl., München 1983.

Herberg, H.: Preistheorie. 3. Aufl., Stuttgart 1994.

Herdzina, K./Seiter, S.: Einführung in die Mikroökonomik. 12. Aufl., München 2015.

Kortmann, W.: Mikroökonomik: anwendungsbezogene Grundlagen. 4. Aufl., Heidelberg 2006.

Lancaster, K. J.: Moderne Mikroökonomie. 4. Aufl., Frankfurt 1991.

Natrop, J.: Grundzüge der angewandten Mikroökonomie. 2. Aufl., München u. a. 2012.

Oberender, P./Fleischmann, J.: Einführung in die Mikroökonomik. 3. Aufl., Bayreuth 2005.

Petersen, T.: Preise und ihre Funktionen, in: Das Wirtschaftsstudium (WISU), 45. Jg., 2016, S. 1098 – 1101.

Petersen, T.: Marktversagen, in: Das Wirtschaftsstudium (WISU), 45. Jg., 2016, S. 286 – 288.

Petersen, T.: Neoklassische Produktionsfunktion, in: Das Wirtschaftsstudium (WISU), 44. Jg., 2015, S. 664 – 666.

Petersen, T.: Externe Effekte – Bruchstelle in der Marktwirtschaft, in: Gesellschaft – Wirtschaft – Politik, 63. Jg., 2014, S. 213 – 220.

Petersen, T.: WISU-Lexikon ‚Unternehmenstheorie', in: Das Wirtschaftsstudium (WISU), 40. Jg., 2011, Beilage in Heft Nr. 6, S. I – XVI.

Petersen, T.: Die ökonomische Funktion von Gewinnen, in: Das Wirtschaftsstudium (WISU), 40. Jg., 2011, S. 652 – 656.

Petersen, T.: Preis-, Mengen- und Wohlfahrtseffekte von Steuern und Subventionen, in: Das Wirtschaftsstudium (WISU), 39. Jg., 2010, S. 1606 – 1610.

Petersen, T.: Preisbildung im homogenen Duopol, in: Das Wirtschaftsstudium (WISU), 39. Jg., 2010, S. 1084 – 1088.

Petersen, T.: Höchst- und Mindestpreise in der Markt- und Preistheorie, in: Das Wirtschaftsstudium (WISU), 39. Jg., 2010, S. 921 - 924.

Petersen, T.: Konsumenten- und Produzentenrente, in: Das Wirtschaftsstudium (WISU), 39. Jg., 2010, S. 666 - 671.

Petersen, T.: Preisbildung bei einem bilateralen Monopol, in: Das Wirtschaftsstudium (WISU), 39. Jg., 2010, S. 507 - 514.

Petersen, T.: WISU-Lexikon ‚Markt- und Preistheorie', in: Das Wirtschaftsstudium (WISU), 37. Jg., 2008, Beilage in Heft Nr. 6, S. I - XVI.

Petersen, T.: Preisbildung auf Monopolmärkten, in: Das Wirtschaftsstudium (WISU), 37. Jg., 2008, S. 67 - 70.

Petersen, T.: Volkswirtschaftliche Kostentheorie, in: Das Wirtschaftsstudium (WISU), 36. Jg., 2007, S. 1416 - 1420.

Petersen, T.: Adverse Selektion, in: Wirtschaftswissenschaftliches Studium (WiSt), 36. Jg., 2007, S. 309 - 311.

Petersen, T.: WISU-Lexikon ‚Haushaltstheorie', in: Das Wirtschaftsstudium (WISU), 36. Jg., 2007, Beilage in Heft Nr. 6, S. I - XVI.

Petersen, T.: Volkswirtschaftliche Produktionstheorie, in: Das Wirtschaftsstudium (WISU), 36. Jg., 2007, S. 488 - 496.

Pindyck, R. S./Rubinfeld, D. L.: Mikroökonomie. 8. Aufl., München 2015.

Roth, S. J.: VWL für Einsteiger – Mikroökonomik, Wirtschaftspolitik, Neue Politische Ökonomie. 4. Aufl., Konstanz/München 2014.

Samuelson, P. A./Nordhaus, W. D.: Volkswirtschaftslehre: das internationale Standardwerk der Makro- und Mikroökonomie. 5. Aufl., München 2016.

Schöler, K.: Grundlagen der Mikroökonomik – eine Einführung in die Theorie der Haushalte, der Firmen und des Marktes. 3. Aufl., München 2011.

Schumann, J./Meyer, U./Ströbele, W. J.: Grundzüge der mikroökonomischen Theorie. 9. Aufl., Berlin/Heidelberg/New York 2011.

Siebert, H.: Einführung in die Volkswirtschaftslehre. 15. Aufl., Stuttgart 2007.

Varian, H. R.: Grundzüge der Mikroökonomik. 9. Aufl., Berlin u. a. 2016.

Weise, P. u. a.: Neue Mikroökonomie. 5. Aufl., Heidelberg 2004.

Wied-Nebbeling, S./Schott, H.: Grundlagen der Mikroökonomik. 4. Aufl., Berlin u. a. 2007.

Wildmann, L.: Module der Volkswirtschaftslehre – Bd. 1: Einführung in die Volkswirtschaftslehre, Mikroökonomie und Wettbewerbspolitik. 3. Aufl., Berlin u. a. 2014.

Woeckener, B.: Mikroökonomik – Eine Einführung. 3. Aufl., Berlin u. a. 2014

Stichwortverzeichnis

I

K

M

N

O

P